加法斷捨離

藤岡南
藤岡みなみ 著

盧姿敏 譯

每天添加一樣東西
在100天之後
所學到的100件事

ふやすミニマリスト

各界推薦

當床、鞋子、毛巾、杯子、手機……這些我們認為的「必需品」都消失時，你想要先取回什麼？我大概會先湊齊寢具和紙筆吧！作者透過一切歸零再加法的實驗，帶領我們重新思考那些生活中的理所當然，究竟渴望什麼、自己的優先順序為何？哪些又是可有可無？這本書給你滿滿的思考啟發和生活靈感，推薦給所有正在找尋理想生活的人！

——**Kasin**（極簡生活家）

作者利用一百天執行簡單生活挑戰，但她的方式不是一般常見的「減法」斷捨離，而是將生活空間「類清空」之後再每日「增一物」。她的靈感來自電影《型男斷捨離》。

她說這趟百日之旅，「讓失去的感性重新歸位，讓時間運用回到它最初應有的樣貌。」透過她的挑戰，讀者也跟著走了一趟內在心靈淨化歷程，重新定義「生活」是什麼？「物品」之於我們的價值又是什麼？

在扣除每日基本的設備和所需之物外，你會想把哪些東西依序加入你的生活中呢？一個人、一件事、一個物品的重要性，往往在失去或被抽離原有的生活軌道時，才會顯現。

屆時，你是否會重新定義你原本所認知的一切？是否會感動於原本視為稀鬆平常的一切呢？需要和想要，在面對抉擇時，你會怎麼選？

讓「生活」不只是度日，不僅是維持生命，而是認真經歷、感受每一天的生活況味。就讓作者的挑戰，帶著我們重新審視自己擁有的一切。

——**李郁琳**（臨床心理師）

在物質豐盛的現在，社群上常見到「一日丟一物」的挑戰，許多人都透過跟物品說再見，覺察出自己需要且適合的。

而當挑戰反過來變成「一日加一物」，就像在一塊全白的畫布上，重新描繪自己理想的生活。

物品的先來後到會反映出當下心境與它的重要程度，原來必需品也不見得都是實用的工具。

用每天送自己一份禮物的心情，感激每樣物品的幫助與滋養。

當擁有的一切不那麼理所當然時，幸福感也油然而生。

——整理師 **Blair**

前言

這既不是一本教你如何整理收納，也不是鼓勵你成為極簡主義者的書。如果非要拿什麼來做比喻的話，那就是類似在無人島生活一百天之後，洗心革面重新做人的過程，只不過我不是去無人島而是一直都待在家裡。

這是一直住在家裡的生存挑戰，嘗試從幾近家徒四壁開始，按照每天只能取用一件物品的規則度過一百天。契機來自電影《型男斷捨離》的電影評論邀稿。

我的本業主要是寫作、電台主持人及紀錄片製片人，偶爾應邀為書籍或是電影撰寫介紹文章。《型男斷捨離》是把相同概念、從零物品開始生活的紀錄片《365天的簡單生活》變成有劇情的電影，由兩位主角擔綱挑戰者並比賽看誰能夠持續最久的故事。

本來以為隨著物品增加會讓生活變得更加舒適，但是挑戰卻因為雙方對決而變成艱苦的耐力賽。只不過當我看完電影時竟然生出「啊，我也想要試試看」的念頭，雖然一開始只是被要求寫一篇電影評論而已。

我的個性比較偏向「自己去做做看」的類型，會為了學魔術而去買彎曲湯匙課程進行特訓，受到繩文時期文化感召而自己燒製陶器，也曾經自己播種培植超市買不到的蔬菜。

原本我家過的日子就跟簡單生活八竿子打不著，光是廚房用的湯勺就有八根，十年沒穿的衣服也捨不得扔掉，而不值錢的小東西越收越多的結果，讓我有一整抽屜的奇怪面具。平心而論，我這種個性根本就不是可以忍受減物生活的那塊料。

挑戰是從二〇二〇年夏末開始的。由於新冠肺炎的關係，工作幾乎都改成遠距進行，連我最喜歡的出外旅行也不太能夠成行，經常感覺日子似乎是走進了窮途末路。當時心想既然不能外出追求刺激，那不如就把興趣的重心轉到家裡或是自己的內心感受。以結果論看來這個直覺正中紅心，一百天簡單生活挑戰幾乎可以說是一趟內在冒險旅程。

電影中的遊戲規則是把房子內所有東西寄放到倉庫，每天取出一樣，不過這點對我來說比較困難，所以另外租了房子做為住家進行挑戰，主要也是考量到網路直播的便利性，也把對家人的干擾降到最低。

如果要認真執行物品清零，例如說從什麼都沒穿的全裸開始，這未免也太過不切實際，所以內衣、基本衣服、隱型眼鏡，還有其他像口罩、消毒水等基本裝備並沒有列入計算。

這樣一來雖然難度大幅降低，但沒有棉被、菜刀這些基本工具的生活也是難關重重。利用這種方式把人生清零重新開始，對我來說很有新鮮感。

〈遊戲規則〉

- 每天從以前的住家取出一樣東西。
- 食品購買無限制（但調味料每次都要另外計數）。
- 房子水電瓦斯配備齊全。
- 設定最低限度的初期裝備。
- 持續期間為一百天。

在這段期間，我一直認為理所當然的事情有的被推翻了，或是碰到某些狀況時才發現自己活到這把歲數竟然從來沒有注意到，有生以來第一次認真思考所謂的「生活」到底是怎麼一回事，它跟維持生命根本就是兩碼事。譬如說：

- 冰箱是時光機器。
- 明明生活必需品都還沒蒐羅齊全，但我在第九天就好想要一本書。
- 竟然不需要用到錢包和電鍋。
- 我覺得洗衣機最重要的功能與其說是洗淨髒汙，倒不如說是脫水。
- 在什麼都沒有的房子裡待一個小時就像四個小時一樣漫長。

這是一趟百日之旅，讓失去的感性重新歸位，讓時間運用回到它最初應有的樣貌。

第一部是記錄第一天到第一百天選擇何種物品，以什麼樣的心情度過。第二部是總結這一百天所領悟到的一百件事。

雖然這不是個能夠輕描淡寫提議「大家不妨去試試看！」的挑戰，但如果有人能夠透過這本書跟我一樣重新品味生活之美的話，那我會非常開心。

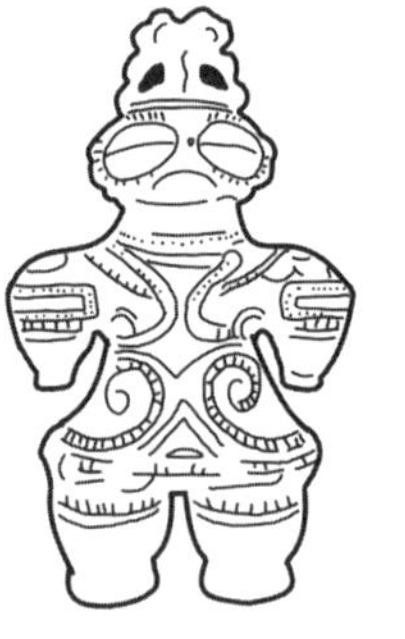

目錄 CONTENTS

PART 1 一百天簡單生活的紀錄

每天選一個，把東西確實帶進家裡的一百項物品

PART 2

一百天內發現的一百件事

並非透過「減少」，而是利用「一個一個增加」的方式，
發現「物品」本身的附加價值和理想生活的定義

（衣）衣服和鞋子的相關的發現

穿衣服、穿鞋子、讓自己變時髦、穿衣取暖、洗衣服

（食）關於吃東西這件事的發現

吃、喝、做菜、盛盤、保存、調味

住 與生活相關的發現

房子、空間、裝潢

時 有關時間的發現

增加時間的工具、減少時間的工具、感覺時間的方法

潔 有關修飾儀容和清掃的發現

洗澡、化妝、清掃

工作 跟工作相關的發現

動機、思考整理

樂 與娛樂相關的發現

聽音樂、看電視、享受居家生活

讀 與書本相關的發現

書、書架、閱讀

物 關於物品與簡單生活的發現

是否擁有東西、物欲、理想的生活

PART 1

一百天
簡單生活的
紀錄

每天選一個，
把東西確實帶進家裡的
一百項物品

第1天

墊被

終於等到這一天。雖然下決心要挑戰時心情一派輕鬆，但才剛走進為了這次行動而租下的房間時，心裡卻無來由地膽怯起來，房裡什麼都沒有！真的可以在這裡活下去嗎？嘴裡不自覺地冒出：「欸，這下子該怎麼辦？」在空空的房間發出很大的回音。

第一天我選了墊被。從某種層面看來，這也是我意識到墊被是生命中最重要物品的一剎那，因為只要坐在地上半天屁股就掛了，而且沒有墊被應該也沒辦法好好休息，晚上也不好睡。

把它捲一捲就可以當作沙發。空房間裡面放著墊被，不知怎地很有住牢房的感覺，但總的來說這是讓人很滿意的選擇，或坐或臥都可以好好地休息。

不過在工作和家事都做完後，雖然很閒但卻無事可做，沒有戴手錶讓我更在意現在到底是幾點？感覺好像住進準備閉關的寺廟一樣。

第一天我想要的物品實在是太多了，做什麼事都需要工具啊！

特別是沒有智慧型手機簡直讓人無聊到爆，我・想・要・手・機。不過馬上就拿到手的話，應該就看不出這個實驗的真正意涵。沒有物品支撐的自己感覺還滿空虛的。

第 2 天

牙刷

如果我真的單獨一個人在無人島，或許第二天不會選牙刷。不過，我並不是在無人島而是在與他人共存的社會，如果沒有牙刷不只是口氣不好，心情也不愉快，我無法容忍不刷牙的生活。

相隔一天拿到手的牙刷，讓我感受到那種無與倫比的刷牙快感。「我，從現在開始要澈底執行刷牙的權力。」我對著洗臉台齜牙咧嘴做出宣告。只要吃完飯，都要像電視廣告般來上一段：「嗯，好像有口臭，刷牙機會來了，叮鈴……又亮又白！」

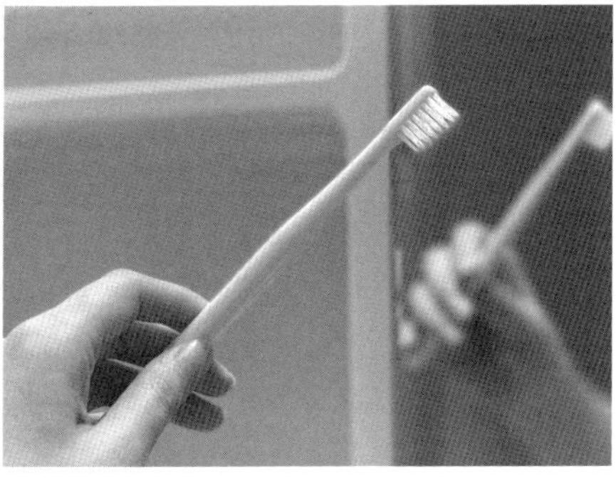

第
3
天

運動鞋

其實我今天非常想要毛巾，但大清早起床家人就跟我說「我們去大公園玩吧」而不得不拿了運動鞋，不過反正遲早都會用得到。我覺得白色運動鞋搭配各種衣服的適合度大約是百分之六十。

在公園撿到許多橡樹子，雖然現在身無長物但卻有一堆橡樹子。實驗來到第三天，感覺自己變成古代繩文人。我能去公園都拜擁有鞋子之賜，如果沒有鞋子，那我的世界就只剩下一間房子。

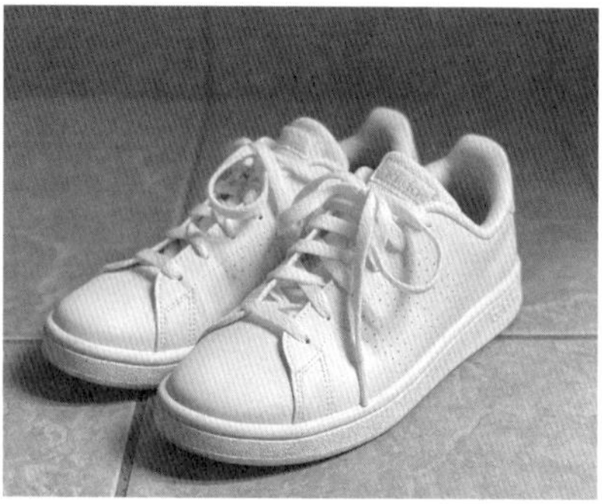

沒有毛巾不太好過，洗完澡後得要跳一跳才能把身上的水珠除掉，要不然就得學小狗一樣把身體搖一搖。雖然留短髮也算幫了大忙，只不過不管怎麼弄背上都有水滴流下來，感覺不太爽快。我還發現洗完臉沒有馬上把臉擦乾的話，會生出一種淒涼感，臉濕濕的讓人提不起勁。只能慶幸現在算是相對乾爽的季節。

在沒有手機或是任何娛樂的房間待一個小時你會得到一個啟示，上床睡覺比較實在。

第
4
天

大浴巾

終於可以用來擦拭頭髮、臉和身體，那種擦拭身體的愉悅感啊！這是我期待已久的毛巾，它的表現超出我的期待。雖然我以前洗完澡都用洗臉毛巾擦身體，但這次選了大浴巾。折起來可以當枕頭，有點涼意時也可以當做被子，很讚！

我好想要枕頭。剛開始以為自己可以不需要枕頭，但睡到半夜竟然發現自己無意識地在找枕頭。

最近天氣越來越冷，身上有個東西可以蓋著真是滿足啊！我還注意到把浴巾拉到頭上竟然有種安全感，人類應該是有被什麼布巾包覆起來的生理欲望吧。

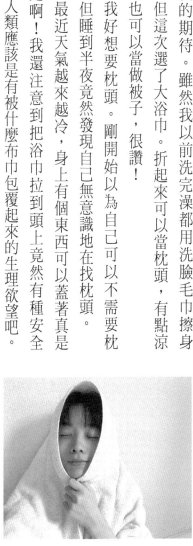

第5天

連帽洋裝

身上蓋著大浴巾但睡到半夜還是覺得冷，覺得隔天應該需要拿禦寒的衣服。

年初我在優衣酷（UNIQLO）買了一件暗粉色的連帽洋裝，很愛。既有兜帽也有口袋，功能齊備，對現在的我來說簡直是太合適了。衣服兩側口袋幾乎是等同一個小袋子般實用，只是現在還派不上用場。實在沒有什麼東西可以放，難不成要裝橡樹子？不過，最開心的事莫過於一件洋裝具備了各種功能。

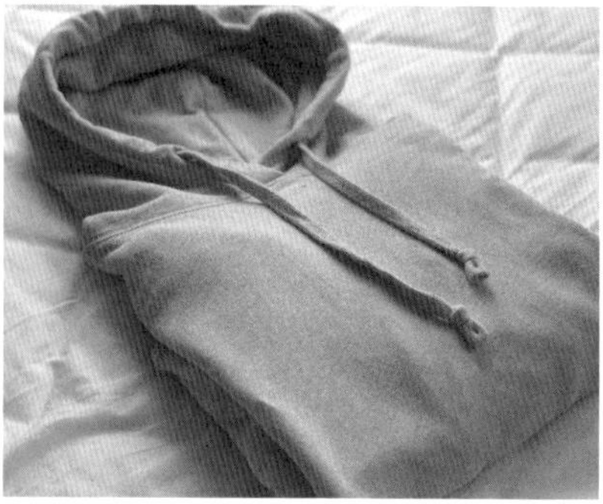

比較麻煩的是清洗問題，它比較大件很難用手去擰，看起來也不太容易晒乾。初期裝備之一的長T恤，我用手洗擰乾後放在浴室烘乾（浴室有三合一冷暖乾燥設備可以派上用場），結果烘乾後整件衣服變得皺皺的，有點困擾。也許是我手洗衣服技術太差，不過我覺得繼續手洗的話應該滿傷衣服的，再過一陣子應該就需要洗衣機了。

第
6
天

蘋果筆電 MacBook

電腦解禁是因為這幾天正好有「遠距親戚聚會」。雖然只是為了這幾天做紀錄，不過我覺得也算來得正是時候。

所謂「遠距親戚聚會」是「遠距盂蘭盆節聚會」的續集。以前每年家族的盂蘭盆節都在祖父母家舉行，不過今年因應疫情無法返鄉而改成遠端聚會，舉辦之後反應還不錯，變成大約每個月辦一次。新冠肺炎讓人無法面對面，很慶幸還有網路存在。

有了電腦突然很想要一張桌子，這根本就是物品之間彼此在呼喚啊！我本來就沒有使用電腦上網的習慣，都用手機，所以相信自己應該還可以把持得住，至少還有一點時間去品味沒有手機的空無心靜之感。

第7天

指甲剪

半夜發生一件很蠢的糗事。自認為可以不需要枕頭，感覺也像是可以輕鬆應付，卻常常在半夜醒來時下意識地找枕頭。手在頭頂揮了幾次才想到正在過簡單生活，然後才又入睡。

這種動作重複幾次之後終於撞到牆，大拇指的指甲裂了！雖然也不是那麼明顯，但不知怎地就是無法忍受地生出一股厭惡感。這件事讓我想起穗村弘所寫的短歌。

「只因一根頭髮跑進我的嘴巴，這個世界變得如此可憎。」（出自穗村弘《我的短歌箋》，講談社出版）

我很容易因為指甲斷裂或是鞋子磨腳之類的小事情緒低落，連這種小事也會覺得沮喪的個性，讓我覺得自己真是沒救了。

雖然預定的選物日期不太能夠容許改變，但我還是決定把今天的物品改成指甲剪。真的很無言，實在很想讓可以處理很多事的智慧型手機「＋1」，現

在卻讓指甲剪拔得頭籌「＋1」。雖然不太甘心，但若以十天剪一次指甲的頻率來計算，一百天也可以用個十次。

如果加上腳的話就有二十次，二十次也算不少，不過話說回來，有必要這麼斤斤計較地分開計算手和腳嗎？

第 8 天

毛毯

天氣突然變冷了。秋天來了，被迫選了毛毯，繼昨天之後我又迫於需要而做了不得已的選擇。

不過毛毯真的很讚，既溫暖而且觸感也好，只要有一床就讓人覺得安心，丟進洗衣機就能洗得乾乾淨淨——雖然暫時也還沒有輪到洗衣機上場。

一百天內只能取得一百項物品，如此緊迫逼人地取出必要的東西讓我覺得有點疲於應付，這讓我有點擔心。

第
9
天

一本書《讀書日記》

終於！雖然想過這麼做是否恰當，但終究還是忍不住，還沒有鍋子也沒有洗髮精和洗衣機的我卻取出一本書。指甲斷了拿出指甲剪、天氣太冷選了毛毯，這是連續兩天不能自由選擇帶來的後遺症。以一百件物品為上限的條件也不能想拿多少書就拿，所以選了特別厚的一本，阿久津隆的《讀書日記》（NUMABOOKS），有一千一百頁之多！雖然我不會真的那麼做，但這本書的厚度都可以當枕頭了。我想利用這種受限情況來重新審視閱讀在我心目中的地位。

以前曾經假設過若是沒有書會不會讓我心神不寧，今天拿到第一本書的喜悅遠遠超出當初的想像，這讓我有點吃驚。

白天我陪伴兩歲的孩子，當他專心跟六十五片拼圖奮戰或是把所有的Tomica多美小汽車全部倒出來重新排列時，我就會翻開一本書來讀。那種享受真是無與倫比，就像是打開一扇窗讓微風吹進來般的心情。面對面相處太久彼

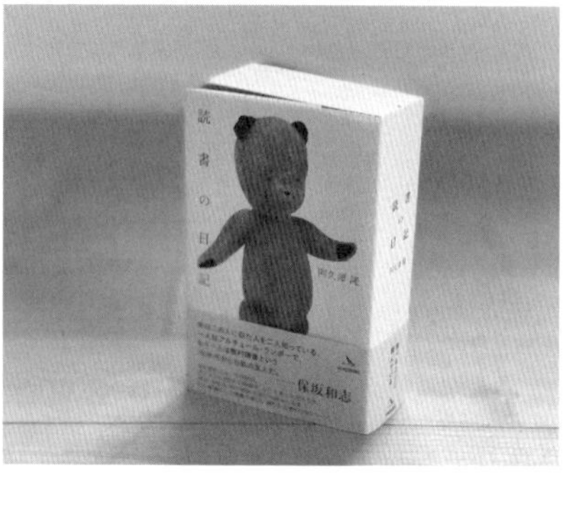

此都會覺得厭煩，有時候像這樣喘一口氣很好，即使只有五分鐘也會讓人很放鬆。晚上沒有電視和手機干擾而多出來的大量時間也是，有了書本夜晚就不再像是面對空虛的苦行。

第10天

全效清潔露

只能用水洗澡的日子終於結束。結合洗髮精、沐浴精和洗面乳三種用途的好東西，它的重要性可以說在一百天當中至少占有三天的分量，是讓人相當感激的好東西。我一直喜歡留短髮是因為碰到沒有潤髮乳或是吹風機的情況下，都還可以想辦法撐過去。

用全效清潔露洗澡，有一種與只用水洗澡大異其趣的清新感，覺得自己美到全身發亮，用它來洗泡泡浴也讓人很開心。我覺得洗澡就像是呵護自己的每日必備儀式啊！

第
11
天

洗衣機

試過先以手洗方式勉強湊合，不過連帽衣或是比較厚重的衣物，想要擰乾可不是件容易的事。

洗衣機洗淨和脫水功能真是好得沒話說，拿出烘乾後又暖又蓬鬆的衣服會感受到無限的愛意。我被洗衣機的愛所包圍，感受到它把髒衣服澈底改頭換面的那種幸福感。

自從開始極簡生活，我發現自己常常因為某些事情而開心。這跟特地標榜要對一些理所當然的事情心存感激的心情不太一樣，而是不用特別去想自然而然就生出滿滿的喜悅。

明明生活還沒有上軌道，而且一些基本生活用品也還沒有蒐羅齊全，一整個不方便。老實說我非常想要手機（煩惱中）。

第12天

鍋子

終於來到廚房這一關。平常我還滿喜歡吃外食，但連續吃了十天之後我比較想要自己煮飯，總覺得不下廚就好像在過逃難生活般無法腳踏實地。

我用宮崎製作所的GEO產品系列不鏽鋼單柄鍋來做湯，感覺像是蔬菜的美味全部被濃縮在銀亮的鍋子裡。

有鍋子也可以煮出好吃的白米飯，事不宜遲。睽違十天自己下廚，鍋子噴出來的蒸汽聞起來真香，覺得自己快要拜倒在鍋子的石榴裙下。

等不及要吃飯的我口中唸唸有詞說著「開動囉」，這才發現既沒飯勺也沒有筷子。對的，吃東西或是製作小菜都是需要筷子的，這下只能等白飯稍微變涼才能做飯糰，結果吃到飯粒沾得滿手滿臉。

第
13
天

筷子

入手的鍋子真是不賴，但是沒有筷子卻讓我備受打擊，隔天馬上就取出來了。

筷子既可以用來做菜也可以拿來吃飯。我以前壓根沒認真想過筷子的重要性，就像我們覺得空氣、地心引力是理所當然的一樣。

如果有筷子就可以去碰很熱的東西，可以夾可以攪也可以做很多細緻的動作。

昨天辛苦用手忙了半天的事，今天換成筷子一下就搞定，讓我有種文明進化一大步的感覺。

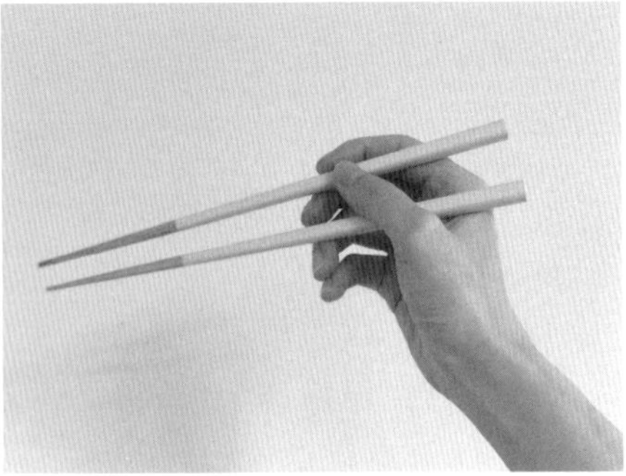

第
14
天

菜刀

說真的，沒有菜刀就沒有做菜的氣氛。接二連三取出物品在廚房攻城略地，不過即使有菜刀但沒有砧板也很難大張旗鼓。

但既然有菜刀，當然也想要牛刀小試一下，馬上就在廚房用菜刀懸空削蘋果皮，嗯，蘋果在必要時可以用嘴巴把皮咬掉，所以我沒有太多感動。不過就在我聚精會神以免削斷果皮時，突然間靈感來了！

把鮮奶紙盒拆開當做砧板還滿好用的。順便提一下照片中的培根，切培根是因為它煎一下就會出油，而且也不需用鹽巴調味。

不方便會讓人動腦想辦法，如果說動腦筋是人類活動力的結晶，那麼過於便利的生活會讓這種能力沒有發揮餘地。因為不方便而讓每天充滿新鮮感的日子真的很不賴！

一邊想著這些瑣事，一邊用罐頭味噌鯖魚做了番茄乳酪沙拉。以有限的工具做出還滿像樣的料理真讓人歡喜啊，接下來要開始想一些不需要調味料的菜色。

我想要一個盤子，不管什麼方不方便、要多多動腦或是人類智慧結晶之類的大道理，肚子餓了就什麼也不在乎，我現在滿腦子只想要盤子。

主要是只有一個鍋子，即使有看起來很下飯的小菜也不能跟飯同時吃，只能把煮飯和煮菜的時間錯開，用剛才吃過味噌鯖魚番茄乳酪沙拉的記憶來配白飯。

第15天 冰箱

隨著道具增加慢慢可以開始下廚，卻馬上就碰到食材保鮮問題。這是繼洗衣機之後的大型家電，廚房的要角電冰箱！嘖嘖，感覺像是特別的大日子，想來點生日蛋糕慶祝一下，怎麼都覺得這不像是普通日子。

真是抱歉，或許這種比喻有點敷衍，但有了冰箱

再也不用趕在冰淇淋融化前急急忙忙吃掉，到期肉品只要放進冷凍庫就可以延長保存期限。

我覺得冰箱讓自己未來可以做的事情大幅增加，區區一個家電卻讓時間的層次感大幅提升，生活不再只侷限於當天。對，冰箱已經變成時光機的概念。

雖然現在擁有的物品還不到二十項但卻有種宇宙無敵的感覺。

第 16 天

筆電的電源線

從二〇二〇年春天之後，我幾乎沒有接到需要外出跟人見面或是出差的工作，大部分時間都在家寫稿及工作。電腦是完美搭檔，電源線在某種程度上就像是工作或創作的電源一樣。即使目前與手機或數位電子產品依然保持距離，但我想讓創作欲望的電源維持在開機狀態。

自從開始挑戰簡單生活，注意力好像變得比較集

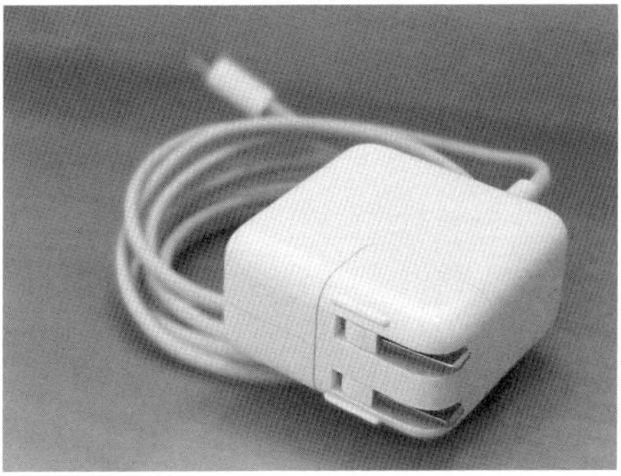

中，可能是整體環境更適合我的緣故。若是創作欲望滿載卻碰到筆電沒有電，那就太煞風景了。

第17天

CC霜

我知道不化妝有多麼舒適自在，只是視訊會議還不少，總是要讓氣色看起來好一點。

如果只能選一種化妝品，那可以遮蓋皮膚暗沉的CC霜是最優的選擇，整張臉發亮好像在臉上打光似的。

開始簡單生活之前，我跟普通日本人一樣對化妝很講究。上粉、修容打亮和畫眼線，但在塗上化妝品之前的膚況看起來並不是很穩定。但最近覺得好像有些不同，是那種只有自己才能察覺的細微改變。精神狀況的好壞是否也會顯現在臉上？

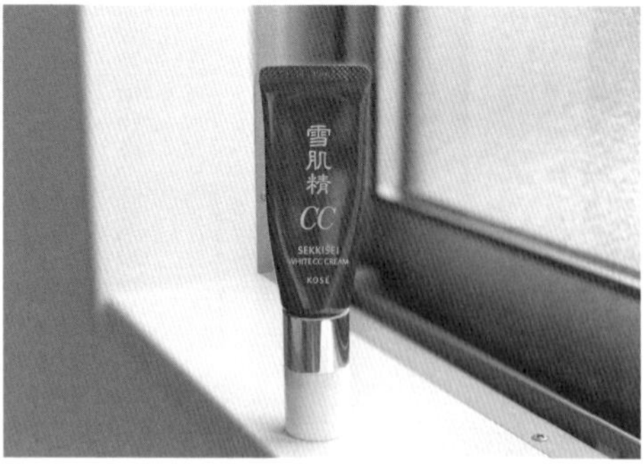

第18天

淺盤

一邊回想早已下肚的小菜味道，一邊品嘗剛煮好的白米飯，我想停止這種吃飯有時間差的生活，有了淺盤至少可以把飯和小菜擺在一起吃。只要有鍋子、菜刀、筷子和盤子就可以做最基本的料理。這是個大約五年前好朋友送的盤子，我很愛。因為每天只能選一，所以也沒有容許不喜歡的物品進駐生活的餘地，結果也因為每天都拿出最喜歡的物品而心情大好。

你是不是有過對自己所用的每一件東西，都有著「這是以前在某種機緣下得到的……它真的是很讚……」之類的愛戀感？我不可能對家裡的八根勺子都有同樣的心情。以前為了不弄壞或弄髒珍愛的東西而把它們全都收在櫥櫃深處，只靠著那些用壞也無所謂、好感度只有六十分左右的物品在過活。

第
19
天

吸塵器

過日子難免會把家裡弄髒，可能有很多人會在鍋具之前先取出清掃用具，但我的個性是比較傾向先弄點什麼東西，所以才變成這樣的順序。

曾在雜誌專訪看到某位收納專家提到「把東西堆在地板上倒不如把我殺了吧！」的粗字大標題，那時心想：「那我不是早已死透了嗎？」

現在我有點明白其中含義（不過我還是不了解為什麼這樣就要去死），因為打掃一個空房間只需要一分鐘。懶散如我以前常把東西堆在地板上，也為了懶散的自己，現在我知道地板上最好什麼東西都不要放。

第20天

耳機

秋天吹來的風實在是太舒服，讓我被一股「很想在這種氛圍當中用耳機聽音樂」的衝動所驅使，這是比任何日常必需品都更加迫切的渴求。

雖然對我來說，音樂一直是不可或缺的，但自從開始簡單生活已有一段時間沒聽。AirPods Pro由於降噪效果而有極佳的臨場感，太久沒碰應該會讓我更加感動才對。

雖然音樂對我來說很重要，但回想起來大部分的經驗都是「邊做點什麼邊聽音樂」，譬如一邊工作、做家事、散步，然後一邊聽音樂。好像只有到LIVE HOUSE的音樂會現場才會集中精神專心聽音樂，但我已經有一年沒有去過了。深深覺得現場音樂會和劇院是讓人集中精神欣賞音樂和作品的最佳場所。專注是很珍貴的，它對於習慣同時處理多種事情的現代人來說是不可或缺的神聖空間。

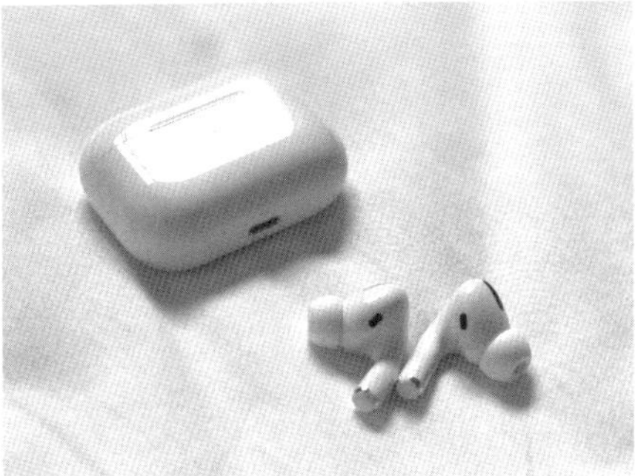

這讓我想起在準備聯考的中學三年級時光，那時就是拿音樂當做認真讀書的獎賞，如果集中精神讀書三十分鐘就可以聽一首歌，完成某個練習就可以聽一張唱片。當我完成設定的目標，就會走到陽台用ＭＤ播放器陶醉地聽音樂。因簡單生活而久違的耳機讓當時的感覺復甦了，樂曲的前奏讓我的心跳加快，一種無法抗拒的興奮感隨著耳朵傳來的旋律，像電流般從胸口流竄到指尖。找回我十五歲時的耳朵是「簡單生活」所帶來的酷炫效果。

第
21
天

洗碗精

不管做了多少沒有使用調味料的菜餚，不用清潔劑洗滌鍋碗都是高難度任務。有了洗碗精我就可以擺脫怎麼洗都洗不乾淨的油膩感。這種油膩感會影響心情，能夠盡快解決真好！只用水很難去除油垢，所以我習慣在清洗之前先擦拭碗盤，這樣做比較環保，想繼續維持。

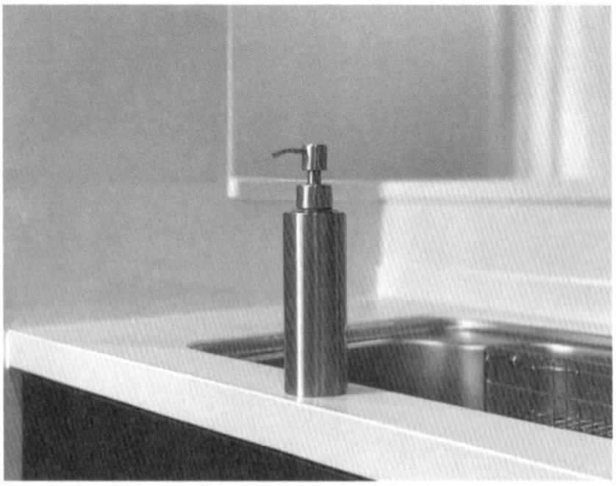

我又剪指甲了。自從在第七天拿到指甲剪剪了指甲，已經又過了十四天。以前不會刻意去計算時間，只是隱約感覺「指甲是會變長的」，現在是第一次實際感受到「指甲真的是會變長」，有活著的感覺。

第22天

化妝水

這是從第一天就想要的東西。拜託，請補足我二十天流失的水分！（應該很難吧。）

如果我是皮膚比較敏感的人或許在第二天就需要，幸好我的皮膚比較鈍，就優先考慮其他必需品而把皮繃緊撐到現在。嗯，搞不好用顯微鏡來看的話早已造成無可彌補的傷害。

欸，這對身體真的是莫大的挑戰。洗完臉後塗化妝水是我一直以來的習慣，現在終於有了真正洗完臉的感覺。

第23天

保暖內搭褲（mochihada）

實在是太冷了，趕緊拿出去年冬天找到的新歡mochihada保暖內搭褲。緊實的內部起毛織法似乎很受釣魚者和重機騎士的歡迎，之前在北海道出外景時就是活用它來防寒。

是的，我八年來在北海道出外景旅行當中，學到的事情就是冬天的衣服很容易讓人看起來臃腫，但好的內搭服可以減少衣服的件數。整體件數減少就比較容易行動，只要行動靈活，身體和精神比較不會覺得疲倦。

我覺得好的內搭衣物在這種物品數量受限的生活當中是不可或缺的要角。內搭褲既暖和又容易活動，讓已經啟動冬日模式的我有種裝備升級的感覺；想盡快把保暖上衣也拿到手。

第
24
天

智慧型手機

終於輪到智慧型手機！生活中是否擁有智慧型手機，消耗時間的方式明顯不同。我已經仔細思考過接下來在什麼樣的時間要做什麼事，所以就解除智慧型手機禁令。雖然這意味我已經決定跟它保持一定距離，但實際執行起來應該還是有點難度。

我已經知道不被手機束縛的時間有多麼寶貴，只是一拿到手好像又快要不自覺地滑手機，所以就把Twitter之類的應用程式先刪除。

晚上一邊用耳機小聲地聽歌，一邊繼續閱讀《讀書日記》。與其不知變通地禁止自己滑手機，倒不如集中精神珍惜手機以外的閒暇時間，這或許是擺脫手機上癮的一種方法，雖然心裡頭一直這樣告訴自己，但結果又如何呢？唉，我還在思考與手機的相處之道。

第25天

桌子

工作和吃飯的姿勢已經來到所能忍受的極限。有了桌子馬上讓我感覺到「過著人類的生活」，文明等級立即提升一個檔次，脊椎終於像人類一樣伸展。身體變輕鬆工作效率也提升了，不用坐在地板上吃飯讓我重新拾回自尊心。桌子實在是太讚了。

這一天，我從公園回來的路上買了外帶肯德基回家，吃得非常過癮。如果房子裡什麼都沒有，你就會重新發現公園的娛樂性。這一點跟它是否有遊樂設施無關，你會比以前更加注意到它美麗的草坪、寬廣的空間、野生石蒜花之類的事情。感覺自己正在享受當下的每一刻，想要專注在這種生活和美好時刻。

第
26
天

沙拉油

這陣子大概吃了這輩子以來最多次的肯德基，每次都會點限量版「柚香七味炸雞」，先吃限量口味然後再吃原味，依序把它們送下肚。雖然真的很棒但我不想太依賴外帶，也差不多該是充實廚房設備的時候了。

在沒有調味料可用的情況下做了各種嘗試，但沒有放油的料理感覺就是少了「潤澤度」和「吸引力」。沒有油的料理看起來既無感又空虛，或許這是我一直想吃肯德基的緣故吧。

拿到油一切就好辦了，什麼都大膽地拿來煎，也不用擔心黏鍋，有什麼就煎什麼。

第
27
天

手機充電套組

覺得解禁後應該會馬上開始滑手機，所以硬是把手機和充電線分開計算，電影《型男斷捨離》當中也是這麼做。為了省電所以我一點一點慢慢用，但最後還是沒電了，只好取出手機充電套組。第一次覺得正在充電的手機看起來這麼可愛，感覺像是活生生的東西。

有了充電器我隨時都可以使用手機，這點讓我有點左右為難。怕自己又改變心意不用了或是拿著手機東摸摸西摸摸，時間就這樣溜走。感覺自己好像太早入手智慧型手機。

第28天 鹽巴

渴望很久的鹽巴。我已經厭倦使用培根和火腿的鹹味來做菜調味。據說食物裡面有種物質，當它單獨存在時沒有作用，但與鹹味結合時就會出現所謂的鮮味。

雖然我什麼都想要，糖、醬油、料理酒、胡椒、雞湯粉、高湯塊、豆瓣醬、辣油、孜然、七味粉、辣椒粉等，但我想趁這個機會練習使用少量調味料來做菜。正好聽朋友說：「有賀薰的食譜書大部分只用鹽巴當做調味料。」趕快來查查看。

今天我做了只用鹽巴和油的美味小菜「油蒸青椒」（料理研究家渡邊康啟的食譜），這也是我到目前為止吃過最好吃的青椒。開始簡單生活之前不久，我試過幾種渡邊康啟的食譜，品嘗當下腦海馬上出現「啊！原來有滋有味就是這樣」的感覺。有關食物的鮮味還有許多要學，也因此我很想知道放調味料之前要如何引出食材鮮味。

第
29
天

一本書《SOUP LESSON》

我覺得自己現在需要更多的知識而不是工具，所以第二十九天我拿出一本食譜書。的確如朋友所說，這本書有許多道菜主要是用鹽調味。

有賀薰在《SOUP LESSON》（PRESIDENT社）中說：「把洋蔥、胡蘿蔔、番茄和高麗菜這類鮮味比較濃的蔬菜，油炒之後燉煮，然後用鹽調味，每次端出這道義式雜菜湯，大家吃了都很驚豔。如果你知道如何引出肉、魚、蔬菜、乾燥食物、奶製品、油和調味料之中所含的鮮味和香味的話，那麼調味高湯塊就沒有那麼重要了。」

就是這個，它就是我在找的東西！當你正在興頭上想要知道些什麼事而找到完全契合的東西，那種喜悅真是沒話說。可能是我正處於吸收知識的高峰期吧。

總之我是個只在乎當下需求的急性子，所以今天推掉其他的生活必需品而取出一本做湯的食譜書。

第
30
天

杯子

一直是理所當然存在的東西，每天一想到「對吼，現在沒有杯子可用」，就會覺得好像少了什麼似的心情低落。幸好隨著生活越來越順利終於擺脫這種感覺。

大學時曾經問過一個看起來開朗樂觀、日子好像過得滿順遂的朋友：「你做什麼事的時候覺得最開心呢？」「應該是早上起床用杯子喝一杯水的時候吧。」我還記得當時聽到這個回答時的那種震驚，因為那時候我覺得所謂的幸福是得到某種成果，對於早上起床喝水這種幸福哲學無法理解，而且水根本沒有味道啊。

但現在我懂了。終於在第三十天拿到我最喜歡的杯子，早上醒來用它喝水的那一刻只有幸福可以形容。最近，我不管是打開或關閉窗簾都覺得開心，弄

掉白色運動鞋上的泥土也覺得幸福。你不覺得這些都是小確幸嗎？我覺得這就是生活。如果生活不夠從容，也許就看不到這種「享受當下」的美好。

第
31
天

砧板

前面提過使用展開的牛奶盒來取代砧板，但我覺得如果這樣繼續下去的話，好像會弄壞刀刃才決定把砧板拿出來。這個木頭砧板我從以前就很想要，我喜歡看蔬菜在砧板上被切斷時橫切面的美麗紋路。用砧板切東西時的咚咚、鈍鈍和刀子劃過蔬菜的輕脆聲，刷一下地分開來。嘖嘖！就是這種俐落的手感最讓人陶醉，感覺菜刀好像是棋逢對手般開心地大顯神通。

這塊砧板是當初花了一番功夫做功課才買下來的。雖然那時急著入手的焦慮、煩惱帶來一些壓力，不過我覺得買東西時，花越多時間考慮才拿到手的就會更加珍惜。

第
32
天

防寒內搭上衣（mochihada）

不管多麼想要其他東西都敵不過寒意，防寒對策是首要任務。

繼內搭褲之後我又選了mochihada的防寒上衣。有了這種絨毛內裡的內搭衣，即使在隆冬只搭薄外套也很保暖，非常適合我這種想要穿得輕便又要兼具保暖功能的要求。隨著衣服增加，感覺自己像是遊戲《勇者鬥惡龍》當中的勇者，在更新裝備之後氣場變得很強大。防寒衣就是我的勇者裝備。

今天又剪了指甲，簡單生活之後的第三次。差不多每隔十天左右就會生出一種「應該要剪指甲了」的急切感，我發現如果把指甲全部都剪短，雖然還不至於到做事變得很有動力的地步，但感覺那幾釐米被剪掉的指甲讓我變得比較認真，一種準備好要面對所有挑戰的心情。

簡單生活已經過了超過一個月，可以取用的東西還剩六十八個，我一直在思考還有哪些東西不夠用，

同時又想著如果再多六十八樣物品，那我的日子應該可以過得很優渥。雖然每次都嘀咕缺這缺那，但不也好好活到現在？沒有任何一天覺得活不下去，而且日子還過得比以前更加充實，這件事真是太有趣了。我下星期想燉很多湯來喝，天氣好冷。

第 33 天

湯碗

第二十九天我選了一本做湯的食譜。以前食譜對我來說，只是選擇某道我有興趣的菜餚拿來當做菜的參考，但現在生活中擁有的東西有限，所以我把食譜當做小說從頭讀到尾。時間多到讓我可以牢牢記住書裡面所列的煲湯基礎知識。從取得食譜到實際下廚煲湯整整等了四天，這讓人感受到前所未有的儀式感。我心滿意足地取出湯碗開始做湯。

煲湯很療癒。我想吃很多也想充分被療癒，當然要選用很大的碗，我選了最愛的湯碗。

以僅有的鹽巴和油做出來的第一道湯，就是食譜裡面介紹的「鹽漬白菜薑湯」。

沒有使用太白粉的雞絞肉既蓬鬆又柔軟，放在充滿暖暖薑汁辛香味的白菜小船上面，在湯汁形成的小湖裡划著水。這湯的顏色看起來很清澈但嘗起來卻餘韻十足，覺得用湖泊來形容它比較適合，看起來很清爽但味道卻比較厚重。想要為自己拍拍手，用有限的調味料卻做出這麼好喝的湯。

第
34
天

湯匙

想要專心喝湯的話，湯匙是不可或缺的。用圓勺舀湯、就口、讓湯汁慢慢滲入體內的感覺我終於懂了，湯匙就像是湯汁的傳導工具，而且這樣才能夠與「喝湯」這個動作完全吻合。

葡萄牙Cutipol湯匙我一直都很珍惜地收起來捨不得用，平常是輪流使用那些普通湯匙。但我現在已經覺悟了，既然每天只能選一個那就非它莫屬囉。

第35天

卸妝棉

第十七天我選了ＣＣ霜取代粉底，卸妝棉本來應該在第十八天就取用了，化妝品若是不用卸妝棉的話真的很難卸掉。

但是想要的東西實在太多，就一直拖拖拉拉往後延，想辦法減少化妝的日子，如果化了妝就用全效清潔露清洗了事。現在終於可以好好地改頭換面，卸妝棉真的是讓臉煥然一新的神奇工具呀！

第
36
天

一本書《滿腦子只想著如何做湯的生活》

一本標題極其吻合我目前狀態的小說。之前拿的食譜書已經鉅細靡遺讀過，已經沒有書可讀就追加這一本。一開始我以為選擇厚一點的書或許可以靠著少少的幾本書撐久一點，不過卻一直無法抑制自己想要讀「適合當下心情」的書籍。閱讀一本書的樂趣始於開始選書的那一刻，果不其然，我在今天結束之前就把整本書給讀完了。

作者吉田篤弘寫到：「以前的時間比現在悠閒而且有餘裕，這是因為以節省時間為藉口而把它切割得很細碎，變成我們現在對時間所認識的樣貌，我們用各種工具去切割、壓縮時間，雖然可能因此賺到些什麼，但是仔細想想，所失去的應該就是那種安穩的悠閒感吧。」（中公文庫出版）

我覺得它與我開始過簡單生活之後的想法不謀而合，與正在閱讀的書籍感同身受也是閱讀的樂趣之一。這本書所闡述的時間理論是麥克・安迪（Michael

Ende）在《默默》這本書裡想要表達的，也是我經營時間旅行專門書店的原因之一，時間旅行並不只是一種科學幻想，對於我們擁有的時間也應該像這樣去思考如何看待它。

※ 麥克．安迪的《默默》是兒童文學名作。有一天，灰衣人進城了，開始偷走人類的時間。大人忙於各種事物，專注於節省時間，他們忘記曾經擁有過的悠閒生活。神祕少女默默獨自對抗時間的小偷，在經歷過各種危險之後找到色彩繽紛繁花綻放的時間之泉。

※ 時間旅行專門書店：二〇一九年開業的移動書店。除了販賣科幻小說之外，還有考古學、畫冊等等廣義上讓人感受到時間的作品、文具和圖畫。

第37天

羽絨被

秋雨冷颼颼，即使是待在室內，那種寒涼的濕氣還是整個滲入體內。畏冷體質的我一到秋天就想把隆冬禦寒物品全部備齊，只是我覺得一直以來好像都是因為覺得冷，所以選衣服都以禦寒為主要的考量。但是這也是無可奈何，因為關係到身體健康，而生活的主要目的就是守護生命。

這世界上再也沒有比輕暖蓬鬆的羽絨被更好的東西了，在秋天夜涼如水的晚上把自己包裹在溫暖的羽絨雲朵裡面，即使下雨也不怕。自從實施簡單生活之後，每天都覺得「啊，這世界上再也沒有比這更讚的東西了！」真的很值得。

第38天

洗衣精

一件特別讓人感覺到「竟然撐到現在才拿」的物品。真的是耶！雖然已經過了快四十天，但我有許多很基本東西都還未到齊，這也是個性使然。我不是那種頭腦冷靜型的人，不能同時想太多事情，每每都是當下需要什麼就拿什麼。

拿到洗衣機時感動莫名，我愛它、信任它、把它當做神來膜拜，那時還覺得這麼厲害的洗衣機沒有洗衣精也可以運作。

洗衣精當然是必要的，時隔這麼久第一次使用，

衣服的芳香讓我非常陶醉。有了洗衣精不只是把衣服洗得很乾淨，那種撲鼻而來的香氣讓人情不自禁覺得幸福。

第39天

一本書《在嘗試錯誤當中漂流》

又選了一本書，雖然實際上我滿想要牙膏的。

開始簡單生活之後，拿到的第一本書——阿久津隆的《讀書日記》裡出場的眾多書籍（未免也太多了）裡面，我最想讀的就是保坂和志的《在嘗試錯誤當中漂流》（Misuzu書房）。我本來就很喜歡這種的菊鍊式串接讀書法（譯注：原文為芋づる式読書，芋づる式為工程術語，是一種配線方式像許多菊花串接在一起而形成花環，此處意指透過閱讀的書籍再繼續接觸其他更多的書籍）。想要變成「鍊」的一部分才去閱讀裡面介紹的書，感覺命運好像是可以追溯的喜悅。

滿懷期待選出的《在嘗試錯誤當中漂流》真的很不錯。讀兩頁就做一個摺痕，做摺痕的下一頁也摺了起來，這樣莫名的反應已經好久沒有碰到了。

因為菊鍊式串接的連結而出現很想要的物品這件事，或許是代表所需要的一百項物品對自己來說還是個未知數。

第40天

鑄鐵平底鍋

這陣子一直在學習料理中的「鮮味」，得到的結論是梅納反應（Maillard reaction）很重要。所謂梅納反應就是在食物加熱後，糖與胺基酸結合而變成棕色，味道也因變化出現味香可口的過程，這讓我想要一個平底鍋。

只要有它，連炒個豆芽都可以變成美味饗宴，這個平底鍋真是不賴，炒出來的菜味道明顯不同，說是得到一種新的調味料也不為過。

鐵氟龍塗層的平底鍋煮東西不會燒焦固然很方便，但每隔一段時間就要換新，算是消耗品。鑄鐵平底鍋若是好好保養的話幾乎可以用上一輩子，選擇可以長久使用的工具，好像跟它會產生一種打勾勾、約定生死與共的革命情感。

第41天

唇彩

這天我在歐洲人策劃、於YouTube播出的《漫談時間的科幻之夜》節目當中出場當來賓，所以決定增添另一項化妝品。

只是唇色稍微變得明亮一點就讓臉色變得很好看。這條唇彩來自好友的饋贈，取出來放在身邊覺得很開心也可以當做護身符。拿到一樣既實用又能振奮心情的物品，從今天開始的每一天，日常的幸福感因為有了這個唇彩而更加豐富。

第42天

削皮器

如果問我是不是真的需要削皮器的話，我覺得它是下一個階段才會需要的物品，因為也可以用菜刀削皮。只是用菜刀比較花時間，對我造成壓力，而我最想減輕的就是這種壓力。我的性子比較急，一碰到這種事就想快點處理完畢。

或許應該在第二階段才取得的物品卻晉升到第一階段。至於是什麼階段？其實我也說不上來，也許就是我的欲望金字塔吧。根據物品的功能對照自己的個性，只要選出對自己最方便的物品就對了。

第 43 天

浴廁清潔劑

即使是因為與家人共用的關係，到目前為止我沒有打掃過廁所，但一直都會先備好清掃用具。

無印良品的瓶子外觀感覺還不錯。想要把一切都打掃乾淨的心情和清潔用品的設計感，它們的目標是一致的。

平心而論應該沒有任何東西像清潔劑這麼具有生活感，因為我們不會帶著它們去旅行，能夠區隔日常與非日常生活的用品，非浴廁清潔劑莫屬了。

第
44
天

木頭鍋鏟

炒菜的時候用筷子幾乎什麼事都做得到，但總覺得少了點什麼，大概是翻動鍋裡食材時的感覺不同吧。本來在炒菜和炒肉時，我就有把它們滾動翻面的習慣，現在終於可以弄得美美的。

我以前不曉得在鍋子裡放一把鍋鏟，湯滾了好像就不會撲鍋。最近這一陣子只能用鍋子煮飯所以馬上就做了實驗。之前煮飯時我只是約略把白米同等量的水放進鍋裡，就可以煮出味道還可以的米飯，只是每次都會撲鍋，結果做了實驗之後，發現「哇竟然是真的」，不會撲鍋！

如此一來電鍋就可以收起來不用。我現在更愛木鏟了。雖然被叫做木鏟但質地感覺像竹子？我跟自己買的廚具實在太不熟了，一查之下才發現真的是竹製的，叫它木鏟有點奇怪吧……應該叫做竹製調理鏟才對。我想對自己擁有的東西有基本程度的認識，也可以說明它的來由，很有意識地過著健康

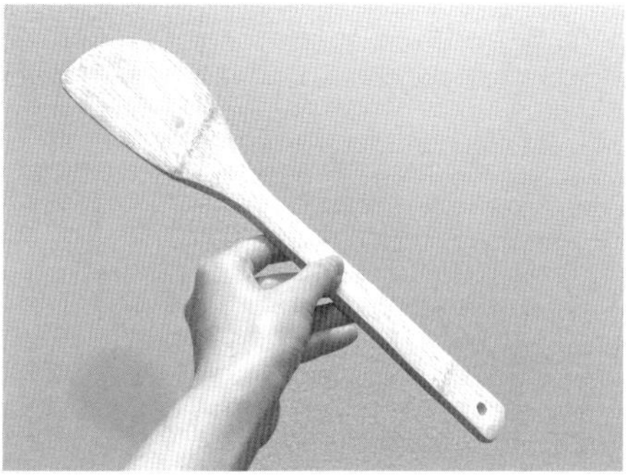

又朝氣的生活。

最近比較深刻的感覺是對於身上穿的衣服，我好像沒有想像中那麼執著，果然不出所料。

第45天 睡衣

「最近比較深刻的感覺是對於身上穿的衣服，我好像沒有想像中那麼執著，果然不出所料。」第四十四天的報告以這句話做為結尾，心裡還想說怎麼都沒取出任何衣服，這到底是怎麼回事呢？就在這時我竟然馬上就想要一套睡衣。

二〇二〇年是變化很多的一年，因為不用出門跟人碰面，比起美美的外出服，能夠讓人覺得舒適的睡衣似乎變成是理所當然的選擇。雖然已經接近關鍵第五十天，但我身上穿的衣服幾乎都是一個樣，若是因

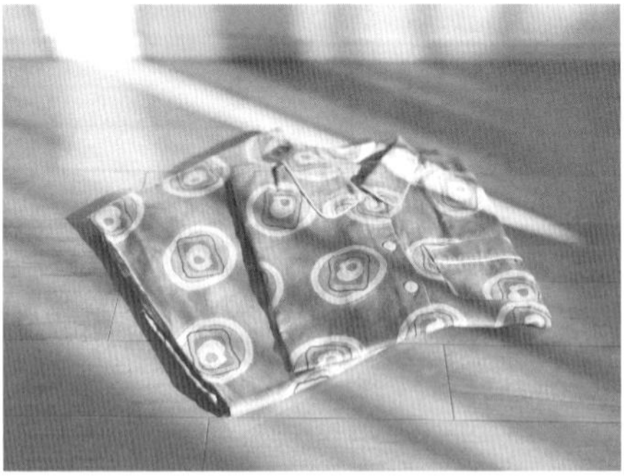

為這樣才得到我對衣服不是很感興趣的結論，根本就是廢話啊。

撇開這一點我覺得自己還滿喜歡穿睡衣的，過往在整理旅行箱準備出門旅行時，縱使千方百計為了減輕重量而拿掉一條小內褲，但睡衣永遠都占有一席之地。不管是穿上和式旅館的浴衣或是商務飯店總是太長的長衫式睡衣，都讓我不太好睡，它們不夠貼身平整、讓人覺得彆扭。

睡衣拿在手上一整個很開心，真心覺得自己非常富足。特別是今年，我覺得很有必要完全按照自己的步調和心情來過日子。

第46天

勺子

在簡單生活之前我有八根勺子，來到第四十六天終於選用其中一根。勺子一根就夠了，真的只要一根就讓世界改觀。這個世界是以有勺子之前和之後來區分的。

沒想到舀東西這個動作竟然如此療癒！最近迷上

煲湯的我，愛上用勺子舀湯觀察顏色。今天的湯是清澈透明，裡面有一點油光閃爍，看起來好像很溫潤又帶有黏稠感。有了勺子才能和湯汁對話這樣的說法會不會太過誇張？獨一無二的勺子，以後會繼續愛惜它。

第47天

海綿菜瓜布

一百天已經過了快一半，我開始為了手上已有的物品選用道具，菜瓜布是為了清洗餐具和烹飪器具而拿的，能讓清潔劑容易起泡而且方便清洗，雖然看起來很柔軟但要用力刷洗也沒問題，看起來既可愛又好用。

這是我第一次覺得海綿菜瓜布：「啊，幸好有你，真是太好用了！」像這樣一個一個珍惜物品的感覺真好。把東西洗得乾乾淨淨，也讓人體會到整理維護的根本意義所在。

第48天
飯碗

雖然煮好的白飯可以鋪在平盤上也可以盛到湯碗裡，但不管如何，還是放在飯碗最適合。把剛煮好的米飯放進深度正好的碗裡，飯看起來很美味我也很享受。它的外形很像是中國菜用來分菜的碗公，是在日本買到的。

因為還沒拿到馬克杯，早上把咖啡歐蕾倒進去也可以當成「咖啡歐蕾專用杯」。一物多用，就看你怎麼用。

右邊的照片是中國菜放在分菜碗裡面的樣子。這是春節時候拍的照片，可以看得出來菜色非常豐富；如果平常個人用餐，分菜碗幾乎是派不上用場的。用碗吃飯很方便，尤其是在很多人一起用餐時，不會占用太多空間。

只用鹽巴和油想做出好吃的中國菜，那就非番茄炒蛋莫屬了，真的很下飯。

第
49
天

飯勺

雖然飯勺的形狀很類似湯匙或是木頭鍋鏟（或說其實是竹製調理鍋鏟），但這些都無法取代它的地位。飯勺呀飯勺，有些事就只有你才辦得到哩。

由先人智慧累積計算出來的斜度和凹槽角度，讓米飯黏著飯勺，飯勺盛著米飯，兩者緊緊相黏就像命定的情侶，雖然我也不是很確定它們是否在相遇之前就已經彼此呼喚，總之就是那種完全貼切密合的感覺。擁有一個手感絕佳的工具會讓人很放心，有種靠山強大的安全感。

這讓我想起之前煮好飯卻因為太燙沒辦法把米飯從鍋子取出來的日子。現在有了飯勺就覺得很富足，我認為知道什麼叫做「匱乏也會讓你的感覺更加豐富」。

第50天

一本畫冊《Pastel》

值得紀念的第五十天，一直在思考拿些什麼特別的東西比較好呢？左思右想之後選了這本畫冊《Pastel》（左右社）。我並不是會收集很多畫冊的那種人，但在初次看到坂口恭平的粉彩作品時就有種寬心去旅行，在異地好好放個大假的輕鬆感，所以我覺得自己滿需要這本畫冊的。不管怎麼說，光線在畫中的存在感真是讓人瞠目結舌，與其說是拿到一本畫冊，倒不如說是浸潤在光線之中。

到今天為止已經過完一百天的一半。追求內心平靜變成生活最重要的目標，所以就用這本畫冊來當做這五十天的總結。我從來沒有用過這種生活方式平靜自己的心情，沒想到效果出奇地好。

第 51 天

橄欖油

一直在研究只用油和鹽就可以做的料理，這種挑戰很類似簡單生活，而追加橄欖油似乎能夠擴大這個實驗的多樣性，所以就取出來了。朋友給的食譜看起來不錯，讓我迫不及待想要試試。

自製番茄醬，超好吃！我用它來拌義大利麵。剛做好就忍不住大啖了起來，等到回神時已經沒了，所以沒有義大利麵的照片。

很久沒用的橄欖油看起來非常誘人，芳醇的香味和油脂讓食材包覆一層油亮的光澤。我終於了解廚房有一罐好油真的可以滋潤心情。

第52天

牙膏

自從第二天拿到牙刷後一直都沒有使用牙膏，也就不能像以前那樣總覺得牙膏裡的薄荷可以讓口氣清新，所以自然而然會比較認真刷牙。可是我突然想到，這樣一來會不會讓牙齒在不知不覺中容易變黃啊？想到這裡突然有點擔心起來。欸，這樣不就慘了嗎？突然間五十天份的焦慮全部湧上來！

好久沒有使用的牙膏讓我特別有感，就像是德國的偉特焦糖夾心鮮奶油糖廣告：「可以收到這種糖果禮物，讓我覺得自己很特別，現在當了祖父，當然也要把這份心意傳達給我的孫子，送他偉特焦糖夾心鮮奶油糖。為什麼呢？因為他對我來說是特別的存在。」（譯注：以上是日本偉特奶油糖的廣告台詞）能用牙膏刷牙真是太美妙了，如果不是很愛自己的話，對這件事不會有太多的想法。我是喜歡自己的，即使以

前從沒特別想過，但使用牙膏刷牙這件事已經表達了這種心情。要好好照顧自己的身體。

今天做的簡單調味菜單是有賀薰《SOUP LESSON》中的「鹽巴及檸檬調味的綠蘆筍湯」。

※ 偉特焦糖夾心鮮奶油糖的廣告，印象中是森永糖果推出的。

第53天

緊身牛仔褲

今天終於興致勃勃地想要增加衣服，現在除了連身洋裝和睡衣之外，沒別的衣服可穿。因為每天都要去公園，所以選了穿脫方便的牛仔褲。現在很流行穿寬鬆褲子，但我這個人就是到死都要穿緊身牛仔褲。它的機動性比較強，我常在公園的斜坡跑來跑去、攀著樹枝或是在吊橋上晃來晃去。緊身牛仔褲跟連帽休

開洋裝搭起來也很不錯。

只是太久沒穿腰身竟然變緊，雖然還可以套得進去，但不吸點氣拉鍊拉不起來。搞什麼！我真是太大意了，看來是這兩三個月變胖的。開始簡單生活之後我第一次覺得好像選錯東西，只不過既然已經選了也沒辦法，只能減肥了。

雖說有一百項物品可以選，但難度比想像中困難許多，譬如說再拿一條能穿的牛仔褲就顯得有點不智。理所當然的普世觀點無法成立，現在只能背水一戰努力運動。

第 54 天

連帽衫

太喜歡連帽衫了。話雖如此，選了連帽洋裝、睡衣、緊身牛仔褲之後又來一件連帽衫，未免也太……不過這也是按照自己想法深思之後的結果。

這個星期約略想過要拿什麼衣服，在衣服不多的情況下我覺得選耐洗的衣服應該比較好。本來以前在

這個季節我大都穿毛衣，只是針織衣服每天用滾筒洗衣機清洗，一百天後保證縮水變成童裝。

雖然有考慮過白色衣服容易弄髒，但不管什麼顏色的衣服只要變髒都會讓人覺得不舒服，如果真的有難以清洗的汗漬，那到時再用漂白劑就可以了，這也是白色衣服的好處。與其逼自己不要擁有太多衣服，倒不如選擇喜歡而且適合自己的衣服更好。白色的連帽衫看起來清爽明亮，彷彿有種魔力，被溫柔呵護的心情好到像是會發光。

第55天

3D VR穿戴裝置

緊身牛仔褲穿起來太緊之後的第二天，急於恢復原來體型而拿出這個3D VR穿戴裝置。開始簡單生活之前，每晚都用它搭載實境拳擊運動軟體，來活動身體。寬廣的虛擬實境空間裡有著最時尚的運動健身房，在那裡可以像玩遊戲般盡情揮灑汗水。

之前曾經加入離家走路只要三十秒的健身房當會員，我覺得去那裡得要換上合適的運動服實在有點麻煩，後來就沒有持續再去。即便是離家只有三十秒的地方也是必須遵守規則的小社會，即使沒有人在看也要裝一下，每次我都為了「啊，這件T恤穿起來會不會太過土氣？」之類的事情傷腦筋。相形之下，讓家裡變成健身房這種方式我覺得很不錯，這樣應該就可以持續下去了。

為了不要浪費取出來的緊身牛仔褲而取出3D VR裝置，讓我有了天大的發現，搞不好這就是簡單生活的極致。雖然住在一個幾乎是空屋的房子，但透過虛擬實境看到的客廳卻有沙發、壁爐、間接照明的天花板、書架等等，什麼都有，它不只是遊戲而且很有臨場感，讓人可以在這裡好好放鬆心情。雖然耳機戴久了讓人有些不舒服，但說得誇張一點它就像是把全世界握在手中，電影院、遊樂場、一個城市、整個宇宙，一應俱全。

第56天

剪刀

如果這是兩個星期的旅行，根本就不需要剪刀這種東西，但因為就是已經過了快兩個月的「生活」，所以有很多東西都變成必要。老實說沒有剪刀，壓力以每天幾毫米的速度在累積。

拿到剪刀讓我很開心，趁著在興頭上修剪了自己的頭髮，不只剪了瀏海，連兩邊及後面的頭髮都剪了。真是一場大悲劇！第一個感想是沒用專門剪頭髮的剪刀果然是不行的，另外就是我根本也沒有那種剪頭髮的本事。雖然乍看之下好像剪得還可以，但，仔細一看卻不太妙。

尤其是隔天早上睡醒之後頭髮翹得更誇張，中分的頭髮全部都往左邊翹，與其說是往左翹，應該說「正在」往左邊翹比較貼切。雖然不能說「沒有能力就不能去做什麼事」，但我覺得拿到剪刀並不代表獲得剪頭髮的能力。

第
57
天

上衣外套

我很怕冷，所以選了一件輕暖、可水洗、在家裡可以像傳統半袖外套那樣披著的上衣外套。雖然我有一件很喜歡的無領設計外套，但非常狀況時，選衣服首重機能性，可以兩面穿的才是王道。

衣服翻面是輕暖蓬鬆的絨毛。有時候放鬆身體滿重要的，即使你的心情不好煩得跟刺蝟一樣，但至少身體必須是放鬆的。即使是煩躁不安但軟綿蓬鬆的東西會讓這種焦躁不再加深。今年不知怎麼回事，特別喜歡穿起來讓人覺得放鬆的衣服。

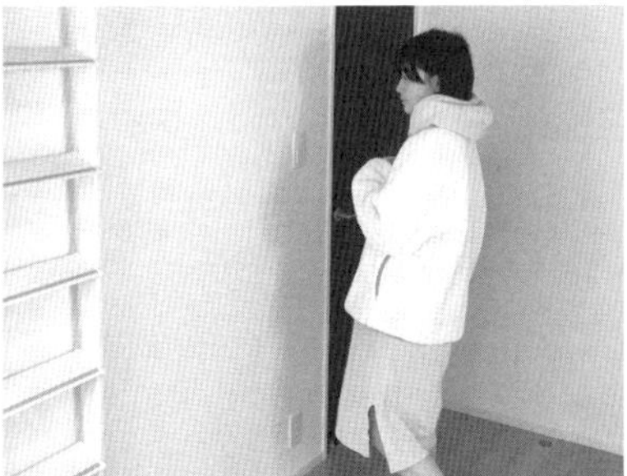

第58天

一本書《蓑蟲放浪》

因為想去旅行所以選了這本。《繩文ZINE》的總編輯望月昭秀，追尋江戶末期到明治時期在日本到處流浪的畫師——蓑蟲山人的報導文學作品《蓑蟲放浪》（國書刊行會）。

我因為喜歡土偶，所以跟這些為了追求喜歡的物品而到處流浪的人很有共鳴，讀得津津有味。腦袋裡有種好奇心被滿足、咕嘟咕嘟醍醐灌頂的感覺。

一直沒有辦法出門旅行的時候要如何填滿那種欲望呢？我覺得閱讀是滿好的方法。每天過著在家裡尋找旅行之道的日子。

第59天

護手霜

一個乾巴巴的紀念日，就是昨天。大家準備好……乾燥季節來了。雖然在這天之前都沒什麼感覺，但一回神就發現「時候到了」。

我喜歡裝在罐子裡的護手霜，會讓人像淘氣小孩把手指伸進果醬瓶那樣開心。乳液挖出來瞬間香氣瀰漫，塗在手上感覺像是擺滿乾燥花的香氛芳療ＳＰＡ傳來的輕柔音樂，再奉上舒緩的草本茶一樣地引人陶醉，具有壓倒性的療癒效果。

這種在日常生活當中被草率帶過的塗抹護手霜動作，在簡單生活節奏當中再次被發掘出來。這種好好照顧自己的感覺使人心情大好。

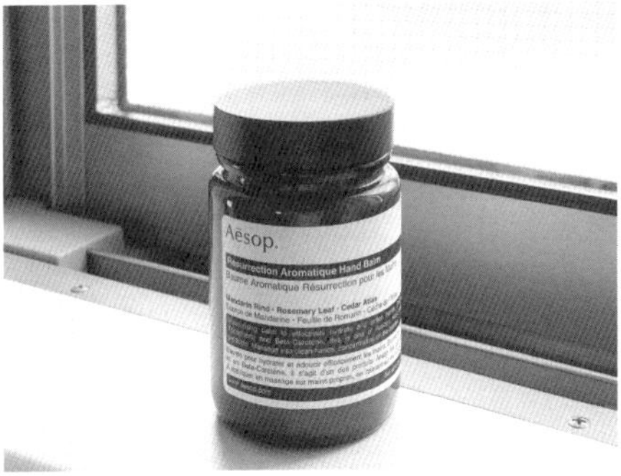

第60天

吹風機

若是夏天也就罷了，但時序差不多要進入寒冷的冬天，洗髮後快點吹乾頭髮是必要的。平常我的日課大概就是帶著兩歲小孩到公園玩耍然後回家洗澡，與其說是忙碌倒不如說是拚了老命，所以根本連吹頭髮的時間也沒有。好不容易覺得小孩好像比較安靜……的時候，就是在睡午覺之類的，這個時候去用吹風機搞不好會把小孩吵醒。幸好我是短髮，常常在忙這忙那的時候，一回神頭髮就已經乾了。

只是幾天前拿到剪刀得意忘形自己剪頭髮，結果翹得亂七八糟。心情有點像拍照前整理妝容，但頭髮怎麼弄都搞不定而無法進行一樣。

至少要先把亂翹的頭髮搞定，頭髮先弄濕再從上面直接吹了大概三十秒，靠著這台吹風機出場的神救援，效果超好，馬上就讓剪壞的頭髮看起來沒那麼明

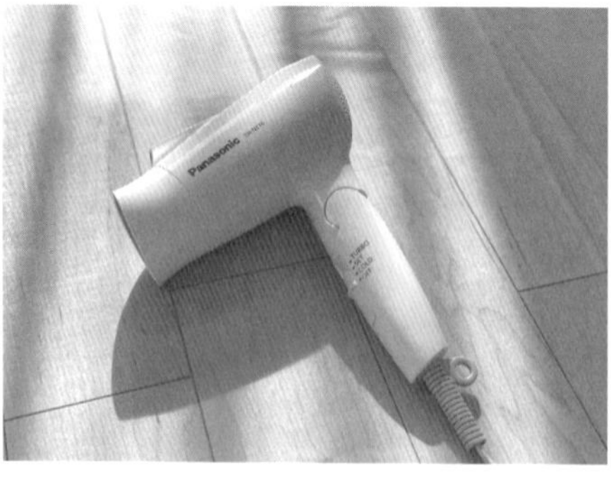

顯，回復到五以上的正常等級。它的烘乾功能也很強大，吹風機就像是幫我解決麻煩的監護人一樣。

第61天 奶油

奶油算是一項物品吧。不過，打從一開始就決定把調味料當做物品來計算，所以奶油也算在內。只是奶油是否算是調味料，這還真的很難講。那它算是食物嗎？雖然論件計算有點怪怪的，但不計算又覺得好像有點偷吃步。

我今天想做使用了大量奶油的湯品，譬如玉米濃湯、南瓜濃湯和焦香洋蔥湯。有時候即使知道熱量很高，但還是很想痛快大啖又濃又香的奶油來慰勞自己。食物從嘴巴吃進去卻能撫慰你的心，吃完之後覺得自己變得比較溫柔而且圓滑一些。

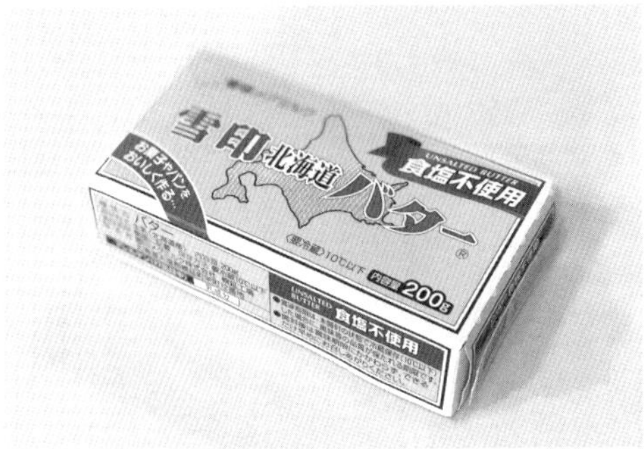

第62天

叉子

我還沒有叉子。這次雖然把它取拿出來，但我覺得沒叉子其實也可以度過這一百天。這件事可能代表我已經從沒有就會很難熬的「必需品階段」，進階到可以選擇物品讓生活更加豐富的「享樂階段」。但不變的是，如果突然出現兩種必需品得要從中擇一時，還是會讓我很焦慮。

用叉子捲義大利麵真的很讚。捲捲捲，自從四歲之後我就沒有這麼享受過捲東西帶來的純粹喜悅，真的是太讚了。如果想要叉點什麼東西來吃的話，用叉子也比較優雅，拿筷子就遜掉了。雖然沒有叉子可以撐過一百天，但只有它才做得到的事確實存在。叉子讓我的生活變得比較有品味，可以用它來吃東西並享受使用叉子的樂趣。

第 63 天

醬油

想辦法使用有限的調味料做點什麼的日子已經過去，我慢慢開始想要增加一點變化。

從一開始只有鹽巴和沙拉油的日子，來到想提取發酵食品的鮮味而取出醬油。現在回想起來，發現竟然一切都按照順序。開始簡單生活之前，曾經預估自己需要的調味料大致順序應該是鹽、砂糖、沙拉油、醬油、雞粉。這樣的假設大概就類似提到山就會想到河流，想到鹽巴就會連到砂糖這種沒有經過實證的純粹想法。

我以前是雞高湯和高湯塊的重度使用者，但經過兩個月只用鹽巴調味、嘗到食材原味之後，就不想要這種速食高湯了。好久沒用的醬油讓我感受到需要長時間才能醞釀出來的醇厚口感。我第一次感受到醬油的美好。

第64天

砂糖

很喜歡把砂糖放到醬油裡做成醬汁，它跟青魽或是豬肉很搭，用來炒青椒牛肉也超棒。我常在煎肉之後的平底鍋放入醬油和砂糖，加熱變成濃稠醬汁。

其實也因為除了這種方式，我實在想不出其他使用砂糖的做菜方法。接下來到底要怎麼用它？這是珍貴的一百項物品的其中之一啊！果然還是「那件事」在作怪，提到調味料就聯想到砂糖這種天真想法把砂糖給召來了。唉，真是糟糕。

本來想說這個星期要追加很多調味料，但結果就像這樣膚淺的想法沒有考慮到真實的情況。雖然我是真的很想嘗嘗那種鹹鹹甜甜的味道，只不過醬油、砂糖到底為我的人生帶來什麼？我真的清楚嗎？

第
65
天

一本書《白崎裕子的極簡美味》

魯莽地追加調味料這件事讓我有點在意，所以我取出開始簡單生活之後的第二本料理書。雖然物品是重點但是取得資訊也很重要，為了好好珍惜物品我想要參考更多的資料。

這本書很禁慾地主張從「先喝加了鹽巴的熱水把你的味覺找回來！」之類的方式開始。像這樣從零開始或仔細列出基本調味料的功用，對現在的我來說滿受用的。而且不只是調味料的選擇，對於我最近下意識在尋找手上所擁有物品的根本意義這件事也有很大的影響。

順道一提，在這本書裡完全沒有提到砂糖。

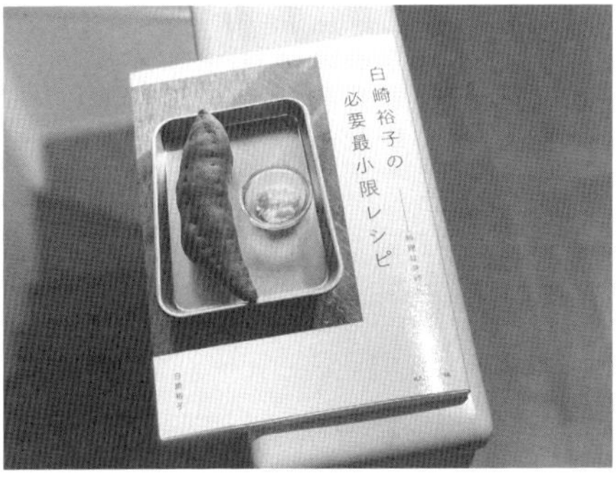

第66天

葡萄酒杯

星期六！我想追加可以讓自己興奮的物品，所以就取出今年生日時妹妹送的iittala葡萄酒杯，略帶梯形的底部讓杯子看起來很別緻。約五年前在下榻飯店看到之後就一直魂牽夢縈。物品的背後是否有故事，我當然會選擇有的那一個。

雖然它是喝葡萄酒用的杯子，但我大部分用它來喝水或啤酒。用葡萄酒杯喝啤酒讓人心情愉快，每啜一小口就有人跟我說恭喜的那種感覺。它是用來慶祝的物品，用它來祝福度過的每一天。

第67天

麻油

又是油！沙拉油、橄欖油、麻油，料理用油一直在增加。如果可以再奢求一點的話，我還想要一瓶辣油。想要的調味料幾乎都是油啊。麻油因為風味特殊，對我來說絕對是先發陣容的首選，家人聚在一起吃火鍋時，它是一次可以用掉一整瓶的狠角色。

很久以前，我在電視台當採訪記者時去過一間麻油工坊。那次不知道為什麼穿了一雙棕色皮靴，被油濺到染成一個個小圓點。雖然電視台導演、幫我們導覽工坊的負責人等，大家都露出「怎麼會穿皮鞋來……不是會被油濺到嗎……真是不好意思……不過以前好像也沒碰過這種事」的臉色，但我太喜歡麻油了，覺得被油濺到也無所謂，能夠聞到它的香味就覺得值回票價。我對麻油就是這麼熱愛。

拿到洗衣精和護手霜時也有這種感覺，我覺得香味真的可以照亮我們的生活。以前沒有特別注意到日常生活當中竟然有這麼多好聞的香味。

第68天

桌遊 Nanja Monja

Nanja Monja是一款出自俄羅斯的紙牌遊戲。遊戲規則很簡單，幫怪物們命名並且記下來，先叫出名字的人獲勝。對於第一次玩這遊戲的人要像做體操一樣先就定位做預備練習，不過它是大人和小孩都可以玩得很盡興的經典款遊戲。我的兩歲兒子和四川來的公公婆婆都玩得很亢奮，而且有一次婆婆因為笑得太過頭，一直流眼淚還喘不過氣來，把大家嚇個半死。我那時還拚命拜託她不要再笑成那樣，實在太危險了。

用卡片畫的怪物形狀，大人經常會幫它們取名小扁或是小圓臉之類的名字，但若是兩歲小孩就會取一些跟外觀完全不搭嘎的名字，譬如說Dumbovaa或是Bachibaruababaruu這類隨意冒出來的擬聲語，很難記住而大幅提高遊戲的難度。這樣也不錯。公公婆婆取的中文名字也不好記，這個遊戲難度會隨著對象而變得截然不同。

生活並不是只屬於自己，也屬於與你共同度過的人，我覺得把大家都喜歡的物品放進選物清單裡也是很好的事。

第 69 天

清掃用清潔劑　鹼性電解水

因為每天都自己做飯，所以我選了容易去除廚房油漬的清潔劑。

在清掃方面算是有點偷吃步，因為我一直都用沒列在物品清單裡的嬰兒濕紙巾來當抹布。隨手都可以拿到濕紙巾，就這樣養成習慣……等小孩長大了嬰兒濕紙巾終究會從家裡消失，而且這樣做真的很不環保，應該早點改掉這個習慣。

我開始思考這種一個個認識工具、喜歡它們，然後醞釀出可以長長久久使用的心情。譬如說鐵氟龍加工的不沾鍋一、二年就會剝落不能使用，把它

改成不鏽鋼或是鐵鍋比較好。當你覺得這樣比較環保、用起來安心，你就會更加喜歡它。

這樣的心情讓我第一次對於把嬰兒濕紙巾像熱水一樣使用的自己覺得不是很認同。短時間要變完美是有點難度，到時候視情況如果能夠跟這些消耗品切割當然是最好，至少現在已經知道使用嬰兒濕紙巾真的不好，那我就好好檢討。哈，還是偷吃步。

第70天

一本書《美國學校》

看完保坂和志的《在嘗試錯誤當中漂流》之後，用菊鍊式串接讀書法選了小島信夫的《美國學校》（新潮文庫）。雖然才剛開始閱讀，但感覺好像被帶走一樣。為什麼「被帶走」呢？因為它不是用言語可以說明，我也不想多做解釋。我想把這種無法訴諸言語表達的經驗當做一個可以好好記住的回憶。

「必須書寫出有條理的文章」是我一直以來的強迫思維。只不過有條理和有效溝通是兩回事，就算「不通順但可以溝通」也是可行的，於是最近執行起來更容易了。

我覺得比起每天選擇一項物品，任選一本書的自由度要大上許多。完全沉浸在那本書裡的世界讓生活變得多彩多姿。

第
71
天

遮光器土偶

不管是生活或是物品，它們都必須具有意義嗎？好像不盡然。我可以感受到功能性物品的優點，但是我也想要跟土偶一起生活。

一直有種預感，在一百天簡單生活的某天終究會輪到土偶登場。我想過會不會是第一百天那天？或是比那天再早一點，現在它終於來了。

大約從六年多以前，我開始對繩文時代感到著迷。

土偶是做什麼用的？沒有正確答案，或許每個回答都是正確的也說不定，我的想法是比較接近萬物有靈，我們眼睛看不到的無形也有生命存在。每次看到這個遮光器土偶就心生畏懼，就是那種「大自然、全世界，全都別想糊弄我」那種感覺。

繩文人如果是理性、容易理解而且追求便利的人種，或許就不會這麼熱心製作陶偶吧。我只要一忙起來常常會有計較得失的傾向，把土偶這種東西放在屋內，提醒自己「千萬不要這樣做，要繩文一點」，想讓自己平靜下來。我覺得土偶是思考人生課題不可或缺的物品。

第72天

枕頭

竟然撐到現在！我確定應該有人在開始之後的一星期內就把枕頭拿出來。到目前為止沒有枕頭我都覺得還好，不過當我用了之後就覺得有枕頭實在太讚了。它能夠好好保護並療癒你的頭部，終於得到完整睡眠。

沒有它覺得好像還可以，但是有了卻覺得真是完美。我們生活中大部分東西應該都是這樣吧。沒有也無所謂，有了卻覺得開心的這種感覺真是太棒了，這也是為什麼以前會持有它，只是後來把它給忘記了。我想記住這種「選擇擁有是因為有它真好」的感覺。

第
73
天

煤油暖爐

大件物品進駐。畢竟跟身體健康有直接關係，我想確保所有保暖用品全數到位。我喜歡用煤油暖爐，因為它以煤油為燃料產生熱能，慢慢讓溫度上升既不會汙染空氣，也比較不會讓人覺得乾燥。

天氣非常冷但手上所有防寒物品全都起不了作用，如果可以，我一次都不想經驗這種讓人很焦慮的感覺，太冷會讓我馬上就流鼻水、頭痛。把基本的室內溫度管理搞定，接下來就可以安穩過日子，把煤油暖爐放在身邊感覺更安心，做好防寒是生活基本要求。

第
74
天

原子筆

在過去的七十三天幾乎沒有提筆寫些什麼。雖然在工作場合有少數幾次跟人借來使用，但其他像是備忘錄或是日記，都用手機或電腦就可以打發了，感覺沒有原子筆應該也可以安然度過一百天才對。

想要一枝筆是因為突然間覺得很想寫信給什麼人，雖然也想過在最多只能選擇一百項物品的生活當中，怎麼還會有如此閒情逸致？但即使如此，我還是忍不住懷念起以前使用原子筆書寫時的手感。為什麼在第七十四天會出現這種想法呢？這個星期慢慢開始有點明白了。

第75天

浴廁清潔劑

昨天取了原子筆，但是書寫用具還沒有到齊，信紙、便條紙以及筆記本付之闕如，今天把這些東西備齊應該是滿足欲望的最速之道才對。

但我是一個很容易分心而且注意力散漫的人，才隔了一天而已，就把心思轉到浴缸上面。雖然平常有在清理，但是我想用清潔劑澈底把浴缸打掃乾淨。我只要想要做些什麼或是想要什麼東西，就會埋頭專注於眼前的事情，這也是為什麼在開始簡單生活之前試著列出來的生活必需品，和真正實施之後的取物順序大相逕庭。

用清潔劑仔細把浴缸全部清掃過後，覺得自己真是了不起。如果有什麼東西可以讓人輕輕鬆鬆變偉大的話，那麼人生當中CP值最高的好東西應該就是浴廁清潔劑了。

第 76 天

信紙信封套組

想要寫信給什麼人的念頭比去年還多。二〇二〇年很明顯地在人際溝通方面有些變化，而且還不只於此。

這陣子我一直在想的一件事，就是「想要回到那邊的時間」，也就是在簡單生活初期，在沒有智慧型手機或電腦的空房間裡度過的漫長時間。那個時候的時間流速跟現在完全不同，喀喀喀似乎可以聽到地球轉動的聲音，一小時就像是永恆。那些夜晚從窗外傳來的蟲鳴和一陣一陣吹過來的風讓我回味再三。那時候的時間不像土石流般的快速滑動，而像是時間的每一個刻分都容許我們在其中停留駐足。我以前常覺得日子過得匆匆忙忙，但現在我體認到其實手上握有大把用不完的時間。

麥克・安迪的《默默》一書裡寫到：「就像為了看見光而有了眼睛，為了聽見聲音而有了耳朵一樣，

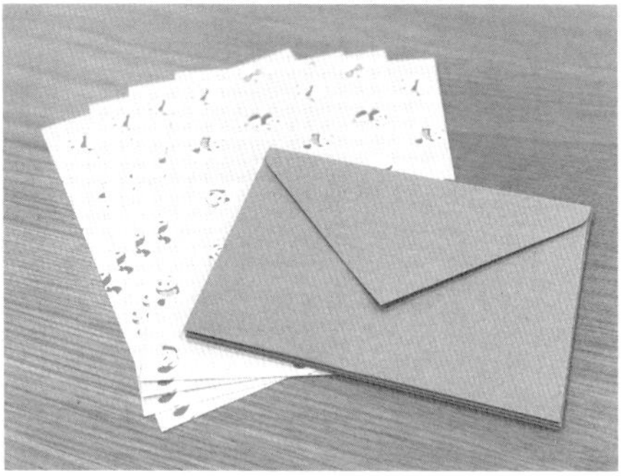

為了感覺時間，人類才有了心。如果你的心無法感覺到時間，那麼時間等同是不存在的。」

當我放下物品就看到心的輪廓，它已經捕捉到時間。再次拿到智慧型手機時我決定要記住這種感覺，故意關掉電源、試著刪掉社群媒體應用程式，但最後還是隨波逐流，很快就故態復萌開始滑手機。這本來也是意料中事，即使我的性格很果斷，但應該也無法去辦理手機解約。

那該怎麼辦才好？就先試試看增加「待在那邊的時間」，穿上最喜歡的睡衣、坐在陽台上聽音樂、慢慢地塗抹護手霜、看書，這些事情都是屬於那邊的時間。

如果你告訴自己「放鬆很重要」或是「要慢慢過日子」，想藉此而換取這種時間的話，很抱歉它不會跟你來電。我擁有兩種時間，A跟B，它們分屬於「這邊」和「那邊」。

我想增加可以到「那邊」去的工具，用寫起來順手的筆來寫字或寫信給某個人，這些都是「那邊」的時間可以做的事。我想要一枝原子筆或許就是來自於內心的渴望。

第77天

洗澡海綿

想要像刷牙一樣在泡澡時刷洗自己。以前我的生活被每天的匆忙和過多的物品所淹沒，以至於沒發現其實自己和居住的家是互相連結。

就像你揹著大背包，當有人去碰你的背包時，你的身體也會感覺到一樣，家也是你的一部分，把家裡整理好連帶的整個心情都會變好。用這種角度來看，那麼打掃的工具也可以說是照顧身體的道具啊。

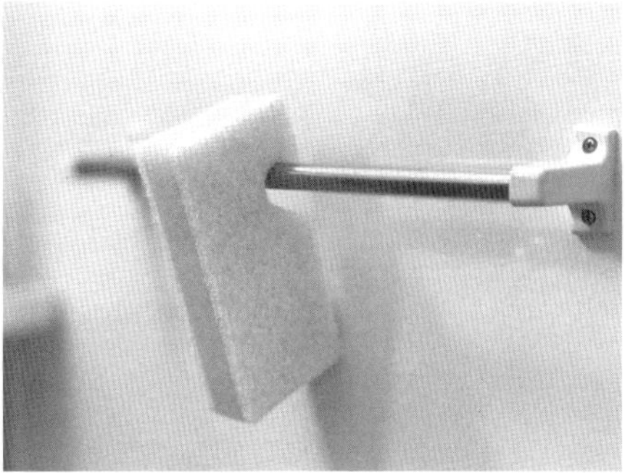

第78天

美體刀

我想修眉毛和臉上所有的汗毛。雖然只是當事人才會察覺的變化，但我覺得修掉汗毛會讓整張臉看起來比較緊實。像這種會讓心情改變的小事，在日常生活中真的滿有需要的。它不是等你負擔得起才做，而是應該趕快去做。

但話說回來，我也不在乎地把它晾在一旁七十八天，並不覺得有立即處理的必要，哈。反正只要自己喜歡就好，不要多也不要少。手指上的汗毛跟可愛的戒指也很搭。

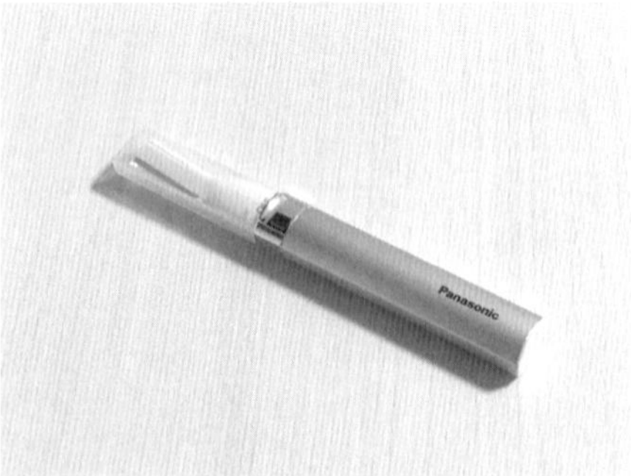

第79天

花瓶

這個也是屬於「那邊」時間的物品，我想要增加這類的東西。

我有個朋友每年都很期待去同一家飯店住一星期。據說只要抵達喜愛的飯店房間，最先做的就是到附近花店買一束鮮花來佈置餐桌。我覺得那是備受珍惜的一個星期當中最動人的小插曲。即使知道一星期之後就要離開，也要用花裝飾，這或許是試圖把時間的姿態留駐在心底最好的方法。我也想送花給為了今天努力過日子的自己，用它來祝福為今天而存在的時間。想和鮮花一起呼吸，我喜歡有花瓶的日子。

用冬青來做裝飾，鋸齒狀葉子和紅色果實讓單調的房間看起來很華麗，立即就有了耶誕節的氣氛。

第80天

頭痛藥

頭痛的一天。一百天之中總是會有不順心的日子，即使是日子不好過但生活也要繼續下去。身體健康比挑戰更重要，雖然我覺得頭痛藥這種東西可以不用算在一百項物品之內，但不管怎樣，比起其他東西我只想趕快拿到藥，所以今天的物品就是頭痛藥。

這是我第一次發現自己竟然想不出來還要什麼，也就是說我的欲望可能已經被滿足了。雖然我的生活本來被至少一萬個或是更多的東西包圍，但竟然八十件東西就讓我覺得滿意。以一天一個的速度讓東西進入生活的方式，似乎具有某種意義，就像是慢慢吃東西然後肚子就飽了那種感覺。

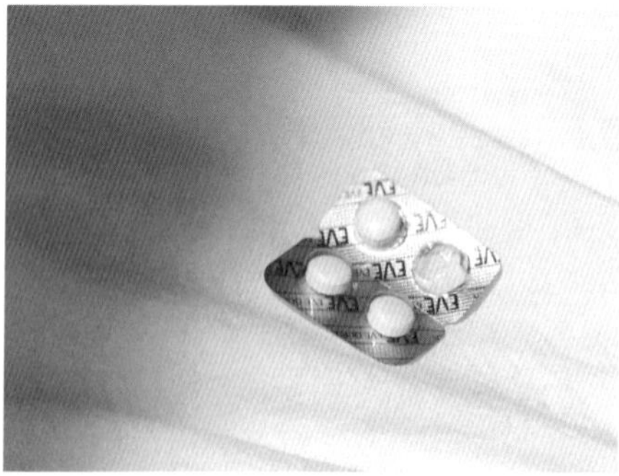

第81天

小湯匙

雖然已有大湯匙，但有些事非得用小湯匙才能辦到，那就是挖布丁，還有一個不能忘記提到的重要功能，當然就是挖冰淇淋囉。

滿足各種欲望有許多方法，雖然不是很對盤也不是什麼大問題，但若是它「嘟嘟好」的時候，就會讓人產生一種生活為你量身打造的滿足感。穿著跟體型相配衣服的那種緊密貼身感，不管是在行為或是物品方面都適用。

第
82
天

居家寬鬆長褲

不是喔，並不是因為前陣子追加的緊身牛仔褲太緊穿不進去，而是因為牛仔褲用洗衣機洗完烘乾之後，腰圍縮小穿不進去了。嘖，兩個理由好像差不多。

我的睡衣也有長褲，若只是在家穿應該也沒有大問題，但最近我對睡衣的功能實在太滿意了，想把睡衣和家居服分開使用。好像有點太過貪心了。

不過穿睡衣真是件了不得的事，它代表著「我要去睡覺」的宣言和一種儀式，是時間的切換和另類的手錶。我想要維持這種穿睡衣的尊榮感，所以才把家居長褲取出來，不管是心靈或是我的小腹都得到放鬆。

第83天 眉粉

無意中看到之前在新加坡旅行拍的照片，我喜歡那個時候的臉。並沒有因嘗試挑戰簡單生活讓化妝工具減少而愛上不化妝的素顏，雖然我本來以為自己會喜歡。

很明顯我的臉現在就是少了點什麼，需要的應該就是這個眉粉。眉毛在某種意義上來說是很重要的，而眉粉其實可以用在很多地方，譬如說在鼻子或在臉上打陰影。小火柴盒大小的尺寸包含大約百分之七十的臉妝材料，是讓人讚嘆的先發陣容。

視訊會議不會有風，正好可以用瀏海遮住眉毛，之前沒有眉粉也可以應付只能說是碰巧。我需要眉粉，化妝工具也是臉的一部分。

第84天

一本書《為了完整品味這個世界而存在的書》

我覺得Homo sapiens道具研究會的《為了完整品味這個世界而存在的書》（ELVIS PRESS）很適合我。極美的留白裝幀設計也讓人聯想到簡單生活的風格。一個完全空白從零開始生活的人，他的每一天都充滿強烈的新鮮感，這一點讓我很有感。只是很可能以後會忘記這種感覺，讓感官回復到以前那樣對什麼都提不起興趣、像光滑塑膠質感的狀態。取出這本書是因為想用自己的方式去抓住並深入探討品味這個世界的方法。

翻閱這本書的時候，嗯嗯，發現了一些我覺得理所當然而忽略掉或是沒有意義但我卻很在意的事情。只是當我邊想著「這個我了解因為我正在過著簡單生活」時卻又馬上被推翻。在「理所當然」這個部分最先舉的例子就是「呼吸」，呼吸?!真是抱歉，我的簡單生活並不是從這個層級開始的，呼吸，它是在開始身無一物的簡單生活之前早已存在的東西。

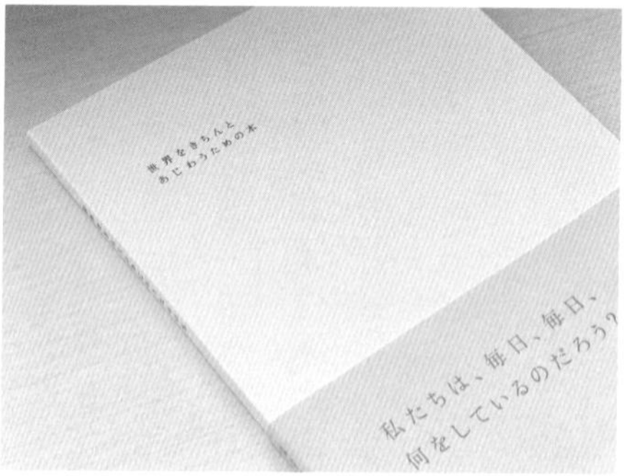

書裡有很多我一直都想或是現在很想知道的概念。選了一本書裡面寫滿了你想知道的事情，我覺得這不只是單純的因果關係而已，也有可能是想要知道真相的念力讓這本書把答案寫出來。不管你在過什麼樣的生活，就有一種人既是專業大師而且也理解大家的需求，然後把它寫出來了。

談到呼吸跟這個世界的關係這件事，哇！從那裡開始的？真的有這樣的境界？選到這本書真是很讚，已經超過八十天的簡單生活挑戰，感覺好像還有更多可以探討並深入的地方。

第85天

除塵黏毛滾筒

自從住進一個東西很少的房間以來，打掃變得很輕鬆，不需一個個移動家具、清除縫隙中的灰塵。重點就在沒有家具這件事，東西一多就會擔心有什麼地方沒弄乾淨，現在只要一眼看過去就可以知道已經完全清乾淨，或許就是因為這樣才讓打掃有一種暢快感。

打掃現在對我來說是一種療癒，除塵黏毛滾筒算

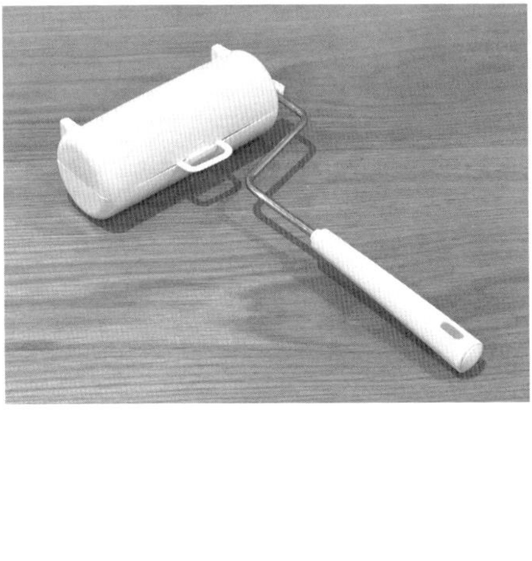

是娛樂工具。清晨拉開窗簾，被褥攤在白花花的陽光之下，光是用滾筒在上面咔拉咔拉地滾來滾去都會讓人沒來由地滿心歡喜。

第86天
粗粒黑胡椒

在過去幾年我發現粗粒黑胡椒的魅力。它可以用在中式、義式等各種料理，很容易就得到烹飪技巧無法達到的刺激感。

跟青椒肉絲或是義式培根蛋麵都很搭，跟蜂蜜也很麻吉，真是太強了！我聽說住國外會很想念日本料理，所以建議出國應該帶醬油，但與其把醬油帶到沒有醬油的國家，我更想要把粗粒黑胡椒帶到沒有它的地方，雖然我也搞不清楚哪個國家沒有粗粒黑胡椒。

柿子火腿奶油乳酪搭配粗粒黑胡椒，這是我做來當成晚上喝酒的下酒菜，卻被家人發現還跟我說看起

來很好吃，只好讓了出來。但家人卻把我花了很多時間才包好的生火腿一一剝開後才吃！喔喔喔喔……（龍神睡覺起床的聲音）

第87天

暈車藥

正好有個機會搭乘長途車，所以它就溜進一百個物品名單之內。在百日挑戰拿到的一百件物品並不等於我所需要的精選一百件。雖然很類似但還是不盡相同。為什麼呢？因為人類就是活在不斷變化的季節遞嬗之中。

雖然現在我需要暈車藥，但如果在這一百天裡正好都沒有機會搭車出門的話也是用不著的。現在多虧有它才能舒適自在地度過整個行程。

把必需的藥物放在手邊不只是提供治療，還可以讓人覺得很安心。也可以說是了解自己的身體狀況並好好照顧它的一種具體實踐。

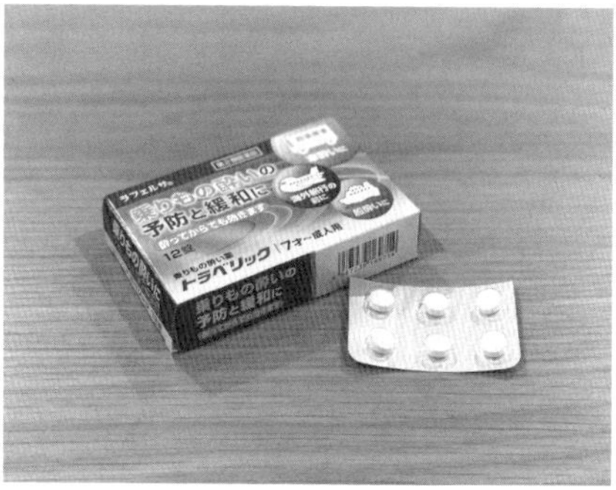

第
88
天

電子無水調理鍋

能夠做到無水烹飪的電子鍋，只要把食材切好跟調味料一起放入鍋子，選擇菜單後按下開關就可以放著不管。我很愛做菜，但是在忙著其他家務事或工作時，常常因為忘記關火而讓湯汁全部流光，或是讓燒焦的紅蘿蔔緊黏在鍋底。這種事真的讓人很無言，即使你知道必須關火，但有時候那個當下就正好在忙著什麼事。

能放著不管真的讓人很感激，譬如說星期天早上花了五分鐘把食材放進鍋裡按下開關就出門去公園，一回到家就有剛做好的咖哩可以吃，覺得很幸福！

雖說簡單生活讓我學會將物品簡化，同時也意識到必須把行動也簡單化。不過，再怎樣我都覺得最重要的不是把所有事情效率化，而是依個人需求量身訂做。那是因為不是在追求「只用一個鍋子就搞定一切」的數字量化，也不是摒棄方便的道具來比賽看誰比較細心，而是量身訂做一個適合自己步調的方式，持續過著舒適的生活。

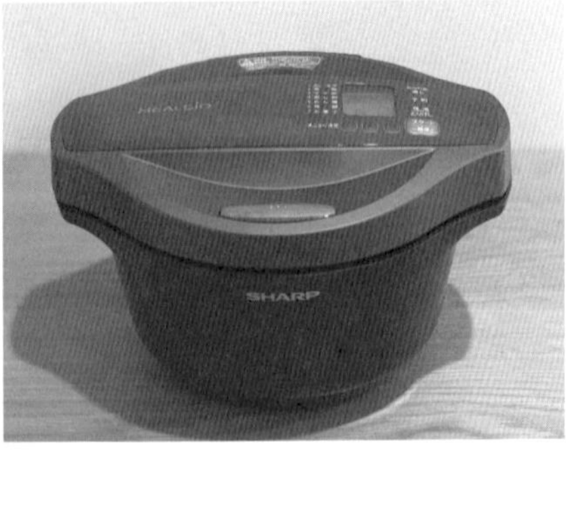

第 89 天

棉花棒

我滿喜歡清理耳朵的，真沒想到竟然可以撐到現在。我想快點取得一些喜愛及能讓自己心情變好的物品。生活並不是一場耐力賽，而是為了仔細品味那些讓自己快樂的事。

在一百天內使用的棉花棒數量並不多，而且都已經是第八十九天了。即使我從現在開始用它，數量也只是幾根而已。即使是這樣少少幾根棉花棒，帶來舒適感和好心情的威力不容小覷。如果不是以「需要」而是以「舒適」為前提來選擇物品的話，或許生活壓力會減輕許多。感覺舒適是必要的，注重自己是否舒適這件事也很重要。

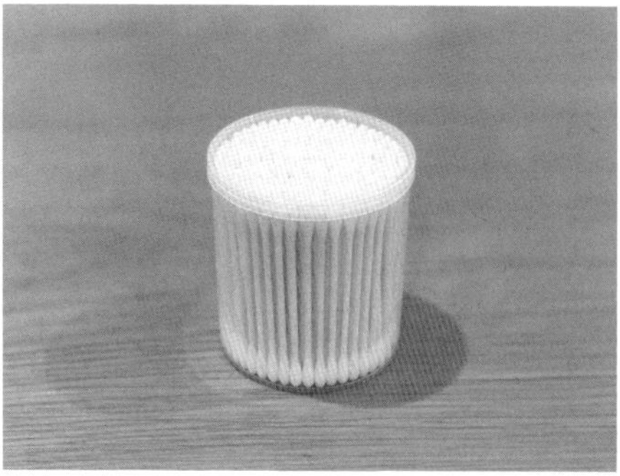

第
90
天

味噌

我覺得選擇液體味噌也是把行動簡單化的項目之一，含有提味高湯的液體味噌真的很好用。

問題是，我是家裡唯一喜歡喝味噌湯的人，即使買到好用的味噌也不能老是用它。液體味噌不需花時間溶解，方便用來炒菜、燉菜和涼拌。

天氣變冷我要來做豬肉味噌湯囉！怕冷的我只有在滿腦子想著豬肉味噌湯的美味時，才能毫無保留地期待冬天的到來。只要一罐調味料就能改變心情。

第91天

洋裝

剛開始考慮到CP值，只選擇可以用洗衣機清洗的衣服。現在基本款衣服都已經到手，再加上只剩幾天時間，我終於拿出穿起來很時髦的冬天洋裝。

但它不是用來穿出門，而是跟朋友在線上年終聚會要穿的。線上聚會的優點應該就是洋裝下面可以配家居長褲吧。

如果要穿這件洋裝出門必須搭配適合的褲襪、大衣、鞋子和包包這些東西，搞不好也要搭配戒指、耳環。在一百天結束後，當我把這些東西一次弄到手時，可能會覺得太過幸福而不知所措。一百天之後並不表示一切結束，我非常期待一百天之後回到什麼東西都有的生活時，心情到底會有什麼變化？

怎麼辦呢？如果限制解除後馬上跑去買了福袋，出關時正好碰到換季大拍賣……福袋應該是過簡單生活的人最不會去碰的東西。絕不，我不會買的！應該是不會吧?!

第
92
天

郫縣豆瓣醬

豆瓣醬是川菜的根本，超市販賣的別種豆瓣醬味道都不夠純正。郫縣（現在改成郫都區）這個地方生產的豆瓣醬，因為放了很多辣椒和蠶豆之類的成分，味道豐富而且很有餘韻。

我通常是在東京大久保的中國食品店或網路購買放在手邊備用，幾乎每天都會用到。比起日本料理我們家更常吃川菜，早已習慣它的存在，但對我來說，它是可以讓我感受到旅行氛圍的調味料。每次一嘗到都會感謝老天爺讓我吃到這麼道地的口味。在日常生活中感受到旅行的本質，我覺得這應該就是自己的生活風格吧。

第93天

可以重複清洗的紙巾

在第六十九天的報告裡提到，我用沒有被列入計算的嬰兒濕紙巾代替一般濕紙巾來擦拭家裡的東西，並承認這既不環保而且算是偷吃步的行為。

我不太喜歡用抹布或是擦碗布，即使已經洗乾淨但乾掉後還是有股怪味，感覺不太衛生，但拿去泡漂白劑又嫌麻煩，雖然我知道這樣講很自私。很接近我這種懶散個性的要求，一次到位又可以持續使用的東西就是這種可洗式紙巾了。

首先它可以清洗並反覆使用，若覺得太髒就把它丟掉即可。不只是廚房，在浴室或其他比較容易累積灰塵的地方用起來都還不錯。

透過喜歡的工具和適合自己的方式，不用勉強就可以輕鬆持續，創造一個只屬於自己的環境就是我最想要的簡單生活。就像一個五角圖形，即使它看起來很歪也是五角形。

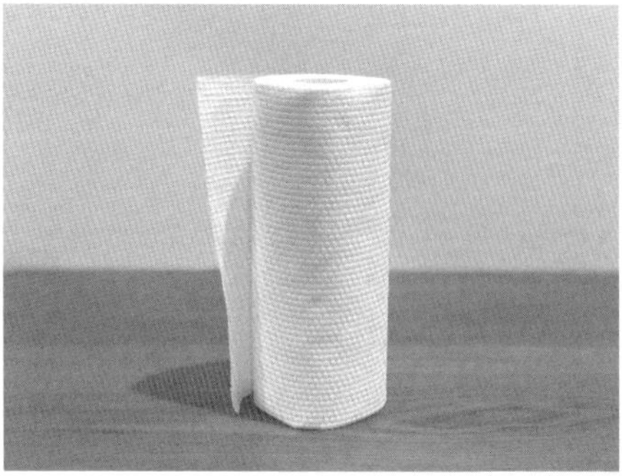

第94天

鎮江香醋

在日本的中華料理餐廳只要一提到醋就聯想到這種黑醋。我覺得不只是酸度，它的味道豐富又有層次而且很香。雖然我經常用它來炒菜，但老實說黑醋並沒有重要到放進必備的一百件物品名單。

那為什麼它會出現在這裡呢？因為我很想喝台灣味的鹹豆漿。在豆漿中加醋會讓豆漿稍微凝固，變成類似湯豆腐，我很喜歡這種口感。當你攪拌濃稠的豆漿時人會變得比較溫柔，應該沒有人會在情緒焦躁不安時製作軟嫩的豆腐吧。

最近，看起來好吃又時髦的台灣菜餐廳一間接一間地開，但我根本沒辦法去卻又很想喝這種湯。我用炸得酥脆的豆腐取代油條（很像是炸麵包的東西）放在最上面，叮咚！真是好主意。

當我在啜飲這碗香味四溢、口感脆嫩交織的湯品時，一邊讚美自己然後吃個精光。做你想做的事會讓你更加肯定自己。

第
95
天

電視

今天是十二月二十日M－1漫才大賽決賽的日子。最近因為有些電視節目在網路上播出，讓我可以在沒有電視的情況下熬到第九十五天，但我無論如何一定要收看M－1大賽的實況轉播。

二〇二〇年應該比任何一年都更需要笑話來為大家打氣。我每周一定要聽的廣播節目數量增加了，幾乎每天都在YouTube上發佈短文的搞笑藝人，他們的熱情讓我備受鼓舞。我覺得能夠接觸到這類的訊息，就算是世界發生了變化但人類的普世價值依然不會消失。

整天開著電視應該會讓人看到很煩，但只要選擇自己想看的來看，那麼電視就不是時間的敵人。從我的生活習慣看來，被智慧型手機偷走的時間就比電視多了好幾倍。

第96天

花椒

川菜不可或缺的麻味香辛料。我們家有很多四川人，所以花椒是主要調味料，九十六天沒有用到它還真是不太尋常。現在花椒解禁了，麻麻的美味料理要出場囉。當我到廚房準備大顯身手時，卻發現家人已經迫不及待做了麻婆豆腐和水煮牛肉。為了讓家人不被我的簡單生活計畫所影響，我盡可能讓他們自由活動。但不知不覺間在這段時間大家竟然都忍住沒吃花椒。

真的好吃到像是給舌頭和鼻子美妙的一拳。麻味

真的很有意思，不只是好吃，而且吃的時候也很享受。香辛料不只可以刺激味蕾還能刺激日常生活。

第97天

防晒隔離霜

通常我不管季節一年四季都擦防晒霜。簡單生活初期，雖然腦海中掠過要擦防晒霜的念頭，但每次出門時想說反正戴口罩也有蓋住應該沒關係，就一直拖到現在。但是仔細想想，就是因為戴了口罩才更應該擦防晒，因為臉的上半部和下半部顏色不同看起來很怪。當我發現這件事時已經太遲了，但也就是因為發現了，所以就更加忍不住地拿了。

這款面霜也是很好的底霜，塗抹後可打亮臉部。照鏡子時會覺得「這臉看起來可真亮」，好像有專屬的燈光師幫忙打光。幾乎是素顏的舒適感和用化妝品打造出來的明豔感，這兩種我都喜歡哪。

第
98
天

保鮮膜

接下來是未免太慢才拿的重要物品系列。因為沒有微波爐，所以沒有太多剩菜，也因此保鮮膜不常用，這是連鎖效應。我一直暗暗發誓，如果沒有特別必要就不要拿，但最後還是碰頭了。

簡單生活之前我曾經每天都使用微波爐，所以它可以算是沒有也無所謂物品的第一名。如果只是加熱的話，用平底鍋煎一煎或是湯鍋蒸一下都可以，而且我發現有些東西還變得更加美味，特別是冷凍的章魚燒，與其用微波爐加熱，倒不如多加一點油去油炸反而更好吃，更別提包子了，用蒸的更鬆軟。

根本就不需要微波爐啊！但如果又有的話，我應該還是會每天都用。我就是「見錢眼開」的人哪！

第99天

水波爐

就在前一天才信誓旦旦地說不需要微波爐，言猶在耳就拿了水波爐。不過我可不是為了它的微波功能喲，今天是十二月二十四日，耶誕節是烤箱在整年當中最活躍的季節，要烤蛋糕、烤雞肉、做派，忙翻了呢。

若沒有它當然也是可以想辦法克服，但耶誕節不是用來克服什麼困難，而是讓人陶醉在準備各種東西的過節氣氛。烤箱可以說是準備過耶誕節的盒子。

還有啊，我找到一個很讚的食譜很想試試身手，那就是DJ味噌湯與MC白飯（譯注：日本嘻哈音樂雙人組）介紹的用派皮做的耶誕節開胃菜，雖然跟她們示範做的成品比起來不夠膨，但我已經很滿意了。手上沒有星星模型，用菜刀切出來的星星有點變形真是可惜。我想讓它變成每年耶誕節的必備菜餚。

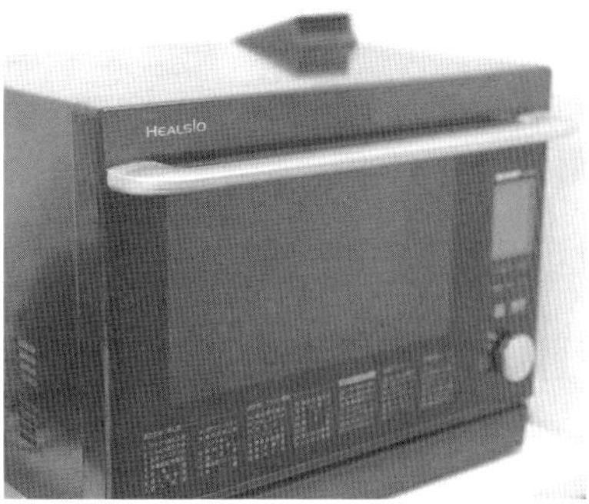

第100天

給家人的禮物

耶誕節快樂！我已經不需要拿任何東西了，今天只想好好過個有趣的耶誕節，選禮物送給別人遠比收到禮物更開心。

我已經發現這一點，對現在的狀況也很滿意。還有，我已經厭倦一直思考還要什麼東西，雖然一百件東西真的不夠。隨著東西越多生活越方便，本來以為第一百天會比第一天更快樂，但最後卻變成想要逃避取得新物品。

當我嘗試以每天一個的速度取得物品時，才發現以前那種無意識的購物行為是多麼麻木。當你的心急切地想要什麼時，確實會消耗許多精力。我牽就習慣和效率去做那些需要花費精力的事，而不顧自己的心情和動機，這也難怪對於事物的感受能力會逐漸封閉起來。

雖然嘴巴一直說什麼都不想要了，但其實還缺很多必要的東西。我沒有拿出包包或錢包並不代表將來不需要，但我覺得最受用的莫過於知道即使沒有它們我也能夠想辦法應付，即使手上空空也不擔心。有種真實的自我被強化過的感覺。我現在也可以接受另一種選項：擁有那些不需要的東西，但它們必須是你非常喜愛的東西。

第101天

從實施簡單生活的家回到我原來居住的家。踏進房間時感覺自己被許多東西凝視著，那些都是因為我想要但後來卻沒好好使用的東西：一只看起來很時髦，買下來卻發現很難用的樹皮編織籃子、一個很可愛捨不得扔的進口啤酒罐、明明沒有用到卻一直放在廚房的玻璃滴茶器、裡面早已空掉的義大利麵條盒子。

請不要再盯著我看，對不起，我的注意力能夠傾注的對象是很有限的，就讓我們跟彼此說再見吧！簡單生活挑戰第一百零一天，接下來全新旅程即將展開。

一百天結束之後的排行榜結果

在一百天期間幸好沒有取出來的排行榜

第1名	微波爐
第2名	衣架
第3名	電鍋
第4名	包包
第5名	皮夾

其他還有小烤箱、雨傘等等；
沒用到雨傘算是運氣好。

有它存在覺得很方便的排行榜

第1名	洗衣機
第2名	全效清潔露
第3名	可以反穿的衣服
第4名	冰箱
第5名	電子無水調理鍋

在這一百項物品當中，擁有二種以上功能的物品就是壓倒性的強項。

一百天之間取得物品的細項分類

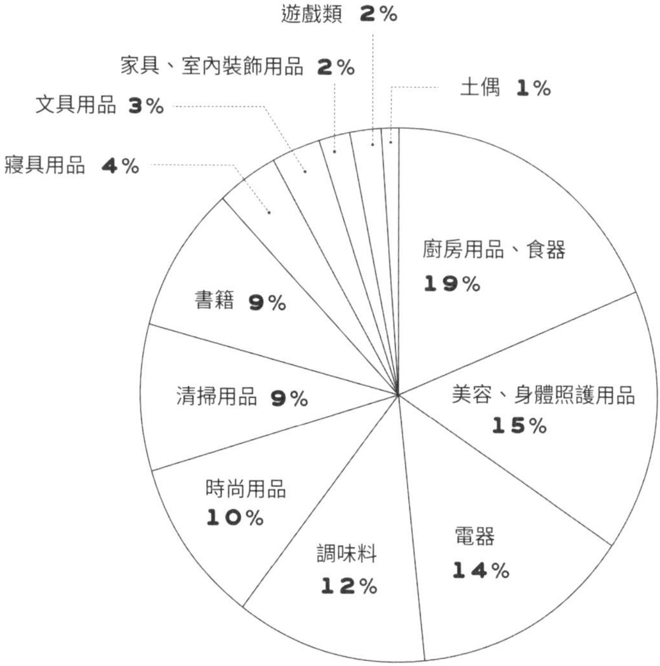

最想擁有物品的排行榜

第1名	書
第2名	耳機
第3名	土偶
第4名	花瓶
第5名	桌遊

一開始因為數量限制的關係，本來想說盡量選擇厚一點的書，但漸漸地厚度變得無關緊要，而是以自己想看什麼書為優先。如果不能做自己想做的事就會搞不清楚到底是為什麼而活。

YOUR 100 DAYS SHEET

嘗試做出「你的一百天清單」

如果在每天只能增加一種東西的生活當中度過一百天，你會在哪一天拿出什麼東西呢？我相信每個人的結果應該都不一樣。因此我做了「你的一百天清單」。我們準備了PDF格式，請下載使用。

想要提出天馬行空幻想式的簡單生活清單當然也可以。對一百天簡單生活躍躍欲試的人請盡量活用這個表單。如果覺得要填滿一百天有點麻煩的話，請隨意填寫「只有第一天和第一百天」、「第一天、第十天、第二十天……」在不勉強的範圍內填入即可，非常感謝。

下載網址

願意發表的人也歡迎在社群上發文。請使用「#加法斷捨離」主題標籤。

PART 2

一百天內發現的一百件事

並非透過「減少」，而是利用「一個一個增加」的方式，發現「物品」本身的附加價值和理想生活的定義

衣

衣服和鞋子相關的發現

穿衣服、穿鞋子、讓自己變時髦、穿衣取暖、洗衣服

● 鞋子讓世界變得更寬廣

我一直覺得鞋子可以說是最有用的時尚單品之一。要走很多路的那天穿運動鞋，配某件衣服時穿黃色淺口無帶鞋，下雨時穿長靴比較方便等方式來搭配。

穿鞋是理所當然，我從來沒想過無鞋可穿是什麼狀況。當我實行簡單生活，從什麼都沒有到拿到一雙時，覺得鞋子真是一種劃時代的發明，沒有鞋子，世界是狹隘的。在還沒決定穿那一雙鞋子之前根本無法出門，因為有了鞋子才能邁出家門，這樣說並沒有誇大其辭，因為人類學會穿鞋也是慢慢進化而來的。

會選白色運動鞋是因為在一百件物品的限制當中沒辦法擁有太多雙鞋子，

考量到常穿的衣服和常去的地方而折衷選擇最適合的鞋款。因為擔心弄髒而選了容易清洗的材質，一切搞定。重點在於當你準備出門時白色是最清爽最好搭配的顏色，讓人感覺好像去什麼地方都能夠暢行無阻似的。

一件睡衣讓白天與夜晚有了變化

為了澈底執行簡單生活，很多物品能夠兼用的都被派上場，但是睡衣就是有其他衣服無法取代的魅力。只要穿上你最愛的睡衣，就會有「穿著它度過美好夜晚」和「穿著它迎來美好早晨」兩種心情。穿上睡衣讓夜晚進來，脫掉睡衣開始新的一天。我認為睡衣具有其他衣服無法取代的儀式作用，穿上睡衣這件事本身就像是「準備上床睡覺囉」、「美好的一天要開始囉」這種慰勞自己、為自己打氣的行為。

簡單生活讓我看到生活應有的樣貌，身心健全的理想生活要素之一是意識到時間的流動。用不勉強自己而且適合的方式來控制時間，睡衣就是我用來放鬆心情的日常必備品項。

即使被認為老是穿同樣的衣服也沒什麼大不了

我一直都很在意他人的眼光，討厭被人覺得又穿了同樣衣服這件事不停地在考驗我。因為工作關係經常出現在公眾場合，這件衣服在什麼時候穿過所以不能再穿……而導致有些喜歡的衣服就此束之高閣。

話雖如此，但我卻想不起當天碰面的人到底穿了什麼衣服。我只記得那個人看起來很有型、對他很感興趣，但那個人穿什麼顏色的衣服卻怎樣都想不起來。像我這樣的人應該還不少才對。

深究起來，與其說不想讓別人覺得我老是穿同樣的衣服，倒不如說自己受夠了一直穿同樣的衣服。我是那種很沒定性的人，不知有多少次因為很喜歡而買下的衣服才穿兩次就失去興致。用在意他人眼光來當做藉口，但其實我應該探討的是為什麼我這麼快就覺得膩了。

搞不好是因為一直很在意自己又穿了同樣的衣服，才疏忽對別人的留意。如果真的被別人認為又穿了同樣的衣服，你下次就這樣回答：「對啊，我就是想學賈伯斯。」與其不停在更換那些穿兩次就膩的衣服，我想要變成那種用心穿戴自己鍾愛衣著的人。

真心喜歡的衣服即使每天穿也不會膩

能夠發現這一點真的很讚。因為自己的無定性，以前一直都覺得衣服穿幾次就不想再穿這件事很正常。

但事實並非如此。每天只能取出一件物品讓我花比較多時間仔細考慮要選哪一件。我不去理會突然間冒出來的想法，而是聆聽那些從內心深處湧出「我就是要這個」的渴求，反覆琢磨、再一個個做出決定。用這種方式選擇的衣服都是我真正喜歡，而這樣的衣服即使每天穿也不會覺得膩。

在這裡提到的「真正喜歡」就是我一直沒有發現的重點，與其說沒有發現，倒不如說我沒有去把它找出來。以前常會覺得為了選物而傷腦筋很浪費時間，但我現在知道越是花時間思考它的必要性，就會改變你對這個精選品的喜愛程度。透過反覆斟酌來確認自己喜歡的類型，一旦知道為什麼喜歡它，或許就比較容易對物品產生愛戀。

知道自己喜歡哪一種類型的衣服非常重要

我熱愛連帽衫，是即使當了阿嬤也想要穿的那種程度，這次讓我再度確定這件事。這段期間雖然比起以前更常穿著連帽衫，但我一直都很喜歡它。只要把帽子翻上來，就是獨自一個人的世界，最好要附口袋，嗯，應該說一定要有比較貼切。

知道自己真正喜歡的衣服樣式應該比擁有一千件衣服更為重要。它可以是任何一種喜歡的顏色，也可以是任何一種喜歡的長度，完全適合你的身材。形式很重要，生活的形貌或是自己的姿態。即使是一些眼睛看不到或模稜兩可的事物，雖然一直在變化但仍舊是有跡可循。這裡面有著像小塊拼圖般的物品精確組合而成的圖像，把自己和物品圖像組合起來的就是我們的日常生活。

如果衣服太多會讓你常穿一些只得六十分的衣服

在簡單生活中沒有太多衣服可選所以也不用費心，因為只有剛洗過的衣服可用。跳過選衣服這件事著實讓人輕鬆不少，就像剛做完家務事那種感覺。

我即使沒有特別要跟什麼人碰面的日子，有時也會煩惱要穿什麼衣服。我不想在家裡穿著好衣服把它們弄皺，但是一直穿著寬鬆的衣服會讓人沒什麼動力。有時竟然會為此煩惱十分鐘，結果選出那種介於外出服和家居服、看起來馬馬虎虎勉強及格的衣服；煩惱這麼久竟然只得到六十分真是讓人難過。這種事一直反覆，慢慢會出現一種「怎麼連這種小事也弄不好」的挫折感，那就讓人更加難以忍受了。

我一直都想穿白色的衣服，它是我最喜歡的顏色，也讓我的臉色比較好看，就像把打光板穿在身上似的。只是不小心沾到醬油這類事情的發生次數，大概沒什麼人能夠跟我比，讓我有點左右為難。在簡單生活我設定的情境是選擇白色連帽衫，而且衣服很少，只有那件可穿。這樣一來就不用去考慮弄髒了要怎麼辦，因為不管怎樣就只能穿白的。

只有一件衣服而且是你喜歡的，你只能穿它因為別無選擇，這種感覺真是太爽快了！即使每天都要穿，但就是因為喜歡，所以和穿著學校制服感覺完全不同。

如果想減少衣服，耐洗是重點

剛開始只有兩件衣服輪流替換，所以耐得住每天更換清洗是第一要件。我以前沒有過以好不好洗來選衣服的經驗，所以手上的衣服盡是那種洗了很容易縮成一團、輕薄不太結實、洗後皺褶消失不見的貨色。

當然，偶爾穿些帶有精緻蕾絲的好看衣服也很重要，所以我覺得張羅出基本款耐用的衣服，然後再搭配一到兩成需要送到洗衣店清洗的衣服會比較好。但我以前是擁有百分之八十不好清洗的衣服，以至於經常穿著百分之二十耐穿但看起來不怎麼樣的衣服。「耐用的衣服」是指耐穿而且耐看，它們會讓你穿起來覺得舒適而且也比較環保。

洗衣機最重要的功能是脫水

當我拿到洗衣機時，讓我對它刮目相看的一點是脫水功能。手洗衣服，不只是很難擰乾而且要晒到衣服全乾也要等很久，衣服越擰越皺也很傷腦筋。很想用力又不敢用力，到底要怎麼辦才好？我覺得利用離心力脫水這種構造真是讓人非常欽佩，可以做很多我做不到的事。

洗衣機有乾燥功能，把髒衣服放進去大約三小時就可以拿出來穿，等於是把手洗和晒乾的時間全都省下來，感覺像是洗衣機把悠閒時光當做禮物送給我。烘乾之後的衣服和毛巾都暖烘烘，即使這種乾燥功能沒什麼特別，但光是烘乾衣服時需要加熱這件事，就能感受到來自洗衣機滿滿的愛意。之前沒有它自己手洗衣服之後才對它刮目相看並感受到它的美好。或許是搞錯對象，但我跟洗衣機真是兩情相悅啊！

如果有口袋就不需要包包

試著在沒有包包的情況下度過一百天，有很大程度是因為這段期間以遠距工作為主、不用出差，加上一直都是使用網購。我從以前就常用電子支付，所以這次連錢包也沒用到。

只是出門一下的話，我覺得只要穿著有口袋的衣服，根本不需要包包。換句話說，如果你沒有包包那就必須要有口袋，有口袋的衣服的價值還要加上一個小包包的價格。

如果沒什麼意外，我以後應該不會去買沒口袋的衣服。實施簡單生活之後，若身體不夠輕鬆會讓我覺得渾身不對勁。如果真的有事要帶著行李出遠門，我想使用Motherhouse的皮革雙肩背包，喜歡兩手放空的感覺。

防寒最優先

簡單生活的挑戰從九月中旬開始。從勉強算是夏天一直持續到耶誕節，這一百天歷經激烈的季節變化，每下一場雨氣溫就往下急降，在有點忐忑不安之中察覺到冬天來臨的腳步。明明前一天還很熱，隔天卻又變冷，然後又變熱，經常出現這種大溫差的天氣。有時已經決定隔天取出什麼東西了，譬如筷子，卻因為天氣變冷而打消念頭。總之我滿腦子都是以準備保暖用品為優先。

由於是四肢冰冷的體質，天氣一冷就頭痛，拖久就變成扁桃腺炎，身體不舒服大都是因為天氣太冷造成。如果沒有先把冬裝、毛毯和暖爐這些保暖用品準備好，只要天氣突然變冷所有事情就會馬上停擺。也因為這樣才會常常突然間讓保暖物品出列，反正就是先讓自己暖和為重，其他事情先擺一邊。

以後我還是需要一直注意保暖這件事，而且我覺得保暖照顧對於攜帶物品有限的人非常重要，譬如說那些正在避難或是無法帶太多行李的人。

食

關於吃東西這件事的發現

吃、喝、做菜、盛盤、保存、調味

冰箱是時光機

沒有冰箱就無法儲存食物這件事眾所皆知，沒有冰箱的話只能準備當天要吃的分量，而且那天要全部吃完才行。這件事遠比我想像中要麻煩許多，因為會突然間就像在無人島上求生一樣，滿腦子都是張羅食物的事情。當我失去冰箱的那一天就啟動以日為基礎的生活，在飲食時間軸上面沒有過去也沒有未來。

取得冰箱時最深的感觸是不用再被吃飯時間束縛的那種自由感，眼前突然間一亮，出現「未來」、「預估」、「計畫」這些字眼，就像人類發現時間存在似的劃時代革命性氣氛。它能將「今天吃不完可能會壞掉」的食物延展到明天或後天才吃，已經快要到期的肉類放到冷凍庫就可以延長使用期限。我覺得光是這些功能就可以把它歸類為時光機了。把食物放進冰箱就像是給未來的自己遞送食物。

●香蕉未免也太完美

香蕉真的很神奇，容易攜帶，可以切成小塊又好拿，剝皮後就可以馬上吃，即使手髒也無妨。口感醇厚而且不酸，幾乎沒有種子。它可以在常溫下儲存，從外觀你就知道什麼時候可以吃，什麼時候快要壞掉。

當我還沒有菜刀、餐具或冰箱時，它對我實在是太重要了。「天啊，你也太好用了！這是簡單生活計畫的官方指定水果嗎？」我邊想邊上網查資料，才發現我們現在所看到的香蕉是人類改良過的，它以前並不是那麼完美，從野生香蕉的照片可以看到裡面都是密密麻麻的大種子。

但可以分成小塊和容易剝皮這個部分似乎沒有太大改變，而且香蕉葉子非常結實耐用，早期被用來當做器皿或蒸煮食物，光是這些事就知道香蕉本來就是無可挑剔的水果。

進一步查詢甚至發現有人說，亞當和夏娃所吃的禁果不是蘋果而是香蕉。如果我沒有挑戰簡單生活，應該不會對香蕉刮目相看或是去思考伊甸園禁果的事。在理所當然之中其實蘊藏許多令人驚奇的事物啊！

沒有微波爐真的也可以

我一直認為沒有它活不下去，但實際上卻過得好好的物品之一就是微波爐。以前我每天用它很多次，譬如說在料理前軟化根莖類蔬菜，或是加熱冷凍食品及剩菜。

但是如果你知道正確的料理方法，其實軟化蔬菜並沒有那麼難，而且有很多冷凍食品用平底鍋來煮會更好吃，剩菜用鍋子加熱也可以。

但問題就出在這裡，用鍋子去加熱剩菜就要花時間去洗鍋子。即使是小事一件但是會讓你覺得很麻煩，結果就是剩菜自然而然減少了。我會盡量在當天把東西全部吃完或是只做夠吃的分量。沒有剩菜的冰箱看起來比較乾淨而且不必使用保鮮膜。沒有微波爐帶來的正面效益比我預期的還多，我稱之為微波爐的蝴蝶效應。

※ 蝴蝶效應：一些微不足道的小事因為種種因素的影響而變成重大事件的誘因，一種不可預知現象的比喻。

勺子一根就夠了，而且所有的物品大致如此

在嘗試簡單生活之前我有八根勺子，而且我也沒察覺自己竟然買這麼多。它們就像自然而然聚集過來似的，這當然不是真的但就是這種感覺。如果你有八根勺子，那麼抽屜就會很滿，有時開抽屜還會卡住讓人覺得很煩。

當你在幾乎什麼也沒有的地方得到一根勺子時，會覺得這東西怎麼這麼讚啊！對對，就是要用這種角度……舀起……這麼多的湯汁！這種喜悅就像是伸手搔到癢處而不自覺地把眼睛睜得很大一樣。諷刺的是，當我有八根勺子時根本不記得它有這麼好用。真是太感謝了！這麼好的東西我只要一根就夠了，只有一根你才會疼惜它，只有一根你才會記住它的美好。

電鍋並非必要

雖然電鍋被營造成廚房必備電器用品的氛圍，但我發現它在簡單生活中並不是必要的一百件物品之一。

用鍋子煮飯，可能會有人覺得調整水量和火的大小是件麻煩事，但意想不到的是它並沒有這麼難搞。米和等量的水放入鍋中並點火，如果你覺得米飯太

過鬆軟那把蓋子蓋上再蒸久一點。在鍋裡放一把竹飯勺就可以吸收湯汁讓它不會溢出來。這樣煮飯感覺更好吃！每天都像是露營野炊一樣。

過了一百天之後，我仍舊不用電鍋煮飯嗎……其實並沒有，真是抱歉，我現在已經開始用電鍋了。家有幼兒，用鍋子煮東西時離開廚房讓我有點擔心，而且煮飯鍋子會占用一個瓦斯爐口，做菜不太方便，所以便重回「按下開關就一切搞定」的電鍋懷抱。是否需要電鍋在很大程度上取決於瓦斯爐口的多寡。不過，如果碰到什麼事我隨時都可以改用鍋子煮飯這件事，我倒是覺得滿受用。

不需要小烤箱的理論

我覺得有幾件在一百天當中都不需用到物品，譬如錢包、電鍋、衣架、包包、小烤箱等等。但小烤箱是唯一一個在一百天之後也不需要的物品。

雖然我是電子支付派，但很喜歡逛無人販賣所，所以還是需要一個錢包放零錢。雖然米飯能夠用鍋子來煮，但是按個鍵就了事的電鍋真的很方便。衣服雖然慢慢減少，但現有的衣服還是需要衣架。重要文件不能放在口袋裡，所以我還是用得到包包。一百天用不著的東西和三百六十五天都用不著的東西還是有差別的。

我喜歡小烤箱，我想用它來烤麵包或在香菇上放塔塔醬加熱，但這件事可以使用瓦斯爐的爐連烤或是平底鍋來取代。如果說還有什麼事情是需要小烤箱，譬如說拿來烘烤熱縮片飾品……？用這個來當做理由實在有點抱歉，但這就是為什麼我決定讓小烤箱退場的原因。

如果繼續用寶特瓶當杯子會減低自我肯定感

在最初幾周，杯子和酒杯之類的東西算是奢侈品，因為必須先取得其他的生活必需品。有段時間我重複使用一個空寶特瓶，剛開始時覺得好像也還過得去，結果不知怎麼地覺得一直提不起勁，應該是說情緒低落才對。

每次拿起瓶子喝水就有點在意自己「用寶特瓶當做杯子過日子」這件事，總覺得沒有把自己照顧好。過了一段時間拿到杯子後，倒水時讓我意識到原來這樣做才是好好疼惜自己。

長久以來，把飲料倒入杯子已經變成生活習慣的一部分，很顯然對自己的尊重已經完全融入這種行為當中。所以當我把紅酒杯拿在手上時，覺得「它不再只為節日而存在」。

把牛奶盒展開可以當做砧板

拿到菜刀那天我很開心，但很快就發現沒有砧板什麼事也做不了。能夠做的是懸空削蘋果皮或是把豆腐放在手掌上切。砧板是菜刀的重要伙伴，我一直在想有什麼東西可以取代砧板？然後就福至心靈地想到牛奶盒，既牢靠又好用。因為有摺痕的關係，甚至還比較容易將切好的食材放進鍋裡。也因為這樣後來雖然拿到砧板，但在切肉或切魚時還是會用到牛奶盒，既方便也不會弄髒砧板。如果硬要說出其他優點的話，那就是碰到我跟另一個人都在廚房但砧板只有一個……之類的狀況。

還有一件不足掛齒的小事，「用牛奶盒應該可以搞定才對」這種小撇步與你對生活的熱愛程度有直接關係。為動腦筋解決問題的自己拍拍手打氣！這樣一點一滴地讓事情逐漸順利運轉，也可以說是幸福生活的小祕訣。

沒有筷子就只能做飯糰

我很擅長用手吃飯，這是在孟加拉學到的技巧。用指尖混合咖哩和米飯然後用拇指把它推出來送到嘴裡，我的指尖感覺似乎仍然保留當時的美味。

這並不是說我在東京的日常生活不能用手吃飯，做不到並不代表它不可行，而是當你在日本這種社會想要這麼做時會碰到一些阻力。

即使用鍋子煮了飯但沒有飯勺和筷子也沒轍，這個時候做成飯糰最方便，用手去抓飯也沒人會說什麼（手要洗乾淨）。筷子到手這件事代表你可以自由自在地吃飯而不用事先把它做成飯糰，而且還可以在食物熱騰騰的時候去碰觸它們。有時候筷子就像附著在手指上可以做精細動作的工具。它既是文化的表徵也是必要的裝備。筷子真的很好用，我對它心存感激。

烤箱是耶誕節必備之物

因為覺得不需要微波爐所以一直沒拿出來，但是到第九十九天為了使用烤箱而取出水波爐，因為那天正好是耶誕節。提到耶誕大餐，很驚訝地發現它們幾乎都是需要用到烤箱的料理。

在一百天挑戰期間，除了耶誕節之外正好都沒有碰到其他節日，但之後我連續五個月為家人過生日，每個月都要烤蛋糕。如果這一百天當中碰到這麼多的生日慶祝，那麼做蛋糕的轉盤、蛋糕切片器和電動攪拌器應該都是必需品了。我從沒想過把蛋糕轉盤列為人生需要的一百項物品之一，但如果連續用五個月那它應該是理所當然的成員。

因為活著，因此對我來說不可或缺的東西會不斷改變，而且改變是理所當然。

平盤不能盛湯

這是理所當然的事實，不過我是第一次真正體會到這件事，過程就像新生嬰兒發現那些理所當然事情一樣。

我第一次拿出餐具是在第十八天，那時候覺得餐盤可以把米飯和配菜都放在一起，所以就選了個平盤。如我所料真的是方便，只是它有個很大的缺點，就是沒辦法裝湯。

我很愛喝熱湯，但真的沒辦法把嘴巴直接貼在鍋緣喝湯，那樣做讓我覺得自己的嘴唇快要跟鍋子黏在一起。如果手上沒有一定深度的餐具也喝不了湯。喝湯這麼簡單的事，卻因為一個湯碗的有無而變得很複雜，我認為這就是道具不可或缺之處，所有工具都有它根本性存在的道理。

如果你對生活有憧憬想要做點什麼，那你就能得到理想的工具。取出平盤的當下，我缺乏的就是那種對生活的想像力。如果選的第一個餐具是大碗公就好了。我認為把「想要過什麼樣生活」和「想要何種樣子的物品」連結起來，就是選擇工具最簡單的公式。

小湯匙是吃布丁和冰淇淋的必備品

小湯匙雖然是家家戶戶必備，但它是一百天之內沒用到也不在意的代表性物品。啊，我的小湯匙，就在以為「沒有你也可以熬得過去」的時候，「沒你絕對搞不定」的時刻就來了，那就是吃布丁和冰淇淋！我想仔細品嘗所以不能用大湯匙，筷子或叉子更不行，因為我想挖圓挖滿。一匙一匙慢慢往下挖這件事的美好，就是隱含在享受吃冰淇淋快樂的時光當中。

我懂了！一把小湯匙似乎排不進一百名的清單裡面，但應該很難在一百天之內都不去碰布丁和冰淇淋吧！像這樣在特殊場合使用的道具應該還不少才對。必要的物品排名和它的使用頻率不成正比，它跟你的日常活動內容有關。

沒有調味料的時候，培根和味噌鯖魚罐頭可以發揮功能

我不知道這個發現在我未來的生活中何時會派上用場。簡單生活剛開始時，沒有調味料所以食物無法調味。

培根在這種情況下發揮功能，藉著培根的鹹味做出一道又一道的小菜。地瓜和南瓜水煮一下就很好吃，竹輪和青椒烤過之後很讚，但如果想做出更像樣的料理那就要用到味噌鯖魚罐頭。不論和式或洋風料理都沒問題，使用起來超方便。

我覺得為食物調味這件事讓人活得更有人味。雖然不用調味就好吃的東西也不少，但總覺得不是那麼到「味」。如果透過火來烹煮讓食物比較容易入口是為了生存，那麼為食物調味讓它變好吃就是為了讓生活更愉悅。我認為調味料蘊藏著對於生活的期望和憧憬。

只用鹽和油的烹調方式讓我收穫滿滿

我算是喜歡下廚的，只是對做菜並不是很懂。對於料理不加高湯、雞湯或白湯調味就不會有味道及層次這件事深信不疑，但事實上根本不是這樣。不管是蔬菜或肉類本身就已經很夠味，是我經常把味道很重的調味料一股腦兒加在這些食材上面，才會覺得它們平淡無味。

切工，加入食材的順序、火候、燉煮的時間等等，這些都會對食物味道和口感產生很大影響。譬如說把紅蘿蔔和紅蘿蔔皮一起煮出來的湯，味道香得像一束花，好吃到讓我覺得像是第一次吃到紅蘿蔔似的。或許以適當的烹調方式引出食材本身美味的料理，其實只要加一點鹽巴就夠了，並不需要其他的東西。

先暫時不要使用那些常用的調味料，試試看只用鹽巴和油來做菜。你會自然而然地接觸到食材的原汁原味，並學會如何利用烹調把它們引出來，這才是料理的真髓。

鐵鍋比調味料更能決定食物口味的好壞

食物的口味因烹調方法而改變，而口味也會因為使用的道具而不同。當我試著使用少量調味料去學習烹飪的基礎知識時，就決定要使用比較可靠的鍋具。一切從零開始，我想去感受使用鍋子或是平底鍋時不同的使用手感。

無論是不鏽鋼或是鑄鐵的平底鍋，當你隨意地使用，都會給人一種「易沾黏」、「難以清洗」的印象。但是如果你靜下心來好好地對待它們，其實並沒有那麼難搞，而且會是用來做食物提鮮的最佳工具。

時下的料理趨勢重視提鮮更甚於口味，當我去查詢鮮味到底是怎麼回事時，才知道透過梅納反應（食物中的胺基酸和糖藉由加熱而結合）或是用無水烹飪的蒸煮方式來濃縮鮮味是多麼重要。可以完成這種功能的鍋子或是平底鍋，它們能夠做到的食物調味功能遠比加入調味料還要多。

調味料所提供的刺激就跟外食和旅行一樣

雖然上面講了這麼多，但我還是喜歡玩調味料的，只要一瓶就會給人帶來旅行的感覺。我喜歡動腦筋複製在餐廳或旅遊時吃到的食物，某家很潮的店用了許多粗粒黑胡椒；川菜還是要用當地出產的調味料比較道地之類的事，像這樣依靠舌頭的記憶把某一天嘗到的味道再現出來。

二〇二〇年幾乎無法旅行也鮮少有機會出去吃飯，所以我就把收集調味料當做去旅行。雖然複製相同的味道有一定的難度，但是在過程中出現「好像還差一大截」或是「在某個瞬間覺得就是這個味道但實際上還是不一樣」的感覺也不錯。這是味覺印象的殘留。如果說只要一丁點就可以喚起回憶的東西，那麼調味料的功能不只可以讓味道更出色，它們同時也是時間旅行的解方。

簡化調味料的挑戰跟挑戰簡單生活很類似

在制定簡單生活的規則時，對於如何界定調味料著實費了一番心思。如果把它跟食材綁在一起，那就不用計算在物品清單內可以隨意使用。但不知道為什麼我最後還是決定把調味料當做獨立的物品來計算，真的不知道為什麼這樣覺得！調味料沒有其他工具給人的感覺，但總覺得它在某種程度上影響到生活，譬如說有些人出國旅行一定要帶速食味噌湯。

就結果論而言這個決定非常正確，因為它帶出另一個重新認識食材和烹飪方法的挑戰。就像在整套被叫做簡單生活的俄羅斯套疊娃娃裡面，嵌入了簡單調味料的小娃娃當做挑戰。這兩種挑戰，都會讓因為跟我們的生活太過密切而被忽視的物品，藉由面對而重新建構彼此之間的關係。

帶出湯汁的鮮味就像把生活過得很有時間感一樣

簡單調味的挑戰讓我了解帶出食材的鮮味遠比添加味道更為重要。帶出鮮味的祕訣就是把蔬菜略略炒過再燜，或者不要等到煮沸而是看水滾的情況加入菇類，就只是這類的小細節而已。

我以前所過的生活，大概就只是把豆瓣醬一股腦兒放進菜裡面，轟地直衝腦門覺得吃起來很刺激。東西只要玩膩了就馬上去買新的、邊看影片邊喝酒同時也在玩著遊戲……雖然這樣做有時感覺也不錯，但一旦放棄所有物品讓生活重新來過，你就會記起還有很多享受時間並讓生活充實的方法，譬如說在安靜的房間裡寫信、夜晚把窗戶打開之類微不足道的小事。

有外來的刺激固然不錯，但是引出生活本身的鮮味而深入去品嘗，就像是美味料理只需一點鹽巴提味，我想繼續這樣慢燉自我的生活。

食譜是生活之旅的指南

每天都在選擇物品的同時，嘿嘿，竟然出現想要取得資訊更甚於物品的日子——尤其是拿到炊具和調味料之後，生出一種想要澈底利用它們的心情，卻覺得手上能夠參考的資料太少。

在這之前我都是在不甚了解的情況下使用，認真面對這些物品時自然而然就會需要參考資料。

當你試圖要重建並構築自己的生活時，食譜是非常重要的情報來源。用雙手做出滿意的料理，用你的五感去品味時，或許就是把自己與生活合而為一的捷徑。食譜就是把別人的行動過渡到自己身上的工具，不用去跟誰面對面，就可以讓自己的日常吹來一股清新的微風。

如果你是一名廚師，應該可以很自然地在某種程度上做出自己想要的口味，但有了食譜可以為我們在動手做的時候，帶來超越自己大腦想像的刺激。

這也是能夠在家旅行的方法之一。

取出最多的物品是廚房用品和餐具

把一百天取出的一百件物品按類型來分類，廚房用品和餐具數量最多，總共拿出十九項，約占總數五分之一。另外我還選了兩本食譜，這件事讓我知道「食」在日常生活中有多麼重要。雖然人類不吃東西就無法存活是理所當然的事，但在做菜、盛盤和吃飯這種汲汲營營的過程當中，總覺得還有更加形而上的意義存在才對。

選擇及購買食材，使用炊具並按照自己的喜好去烹煮，然後把它盛在最喜歡的盤子。過程當中把自己的想法一點一滴地呈現出來，比起嗜好或是其他娛樂，它會更自然地活化身體的感性，即使你自己沒有特別意識到這一點也會被它所療癒。

用工具做出自己想要的東西，簡單地說這就是料理的本質和生活的基礎。生活的基礎就是創造力，也是我與工具之間互動的每一個瞬間時刻。現在寫稿已經告一個段落，我要去為午餐好好地做一頓飯了。

住

與生活相關的發現

房子、空間、裝潢

陽光就是移動的裝潢

在這一百天當中我接受過幾次採訪。其中有媒體特地介紹我喜愛的房間，讓我不得不解釋幾乎什麼也沒有的房間到底有什麼特別。當我被問到：「你最喜歡這個房間的什麼地方？」我只好指著地板說：「那裡的陽光。」雖說是不得不，但我真的還滿喜歡的。

如果是晴天的話，下午二點左右房間角落會出現一塊從窗戶照進來的方形光線，我很喜歡坐在那裡看書。陽光會不停地移動並改變形狀，然後在某個時刻會給人一種「啊！現在這個角度的光線還不錯」。我一直很喜歡房間的陽光，因為沒有家具或物品的關係，讓我更加意識到它的存在，看得到赤裸裸毫無遮掩的光線。

就算是房間不是很漂亮，家具也不是很有質感，但「那個地方在中午過後會有陽光照進來」這件事，本身不就可以說是多了一件物品嗎？即使是什麼都沒有的房子也有它的優點存在。

窗外可以看到的樹就是我的室內植物

前面提過的採訪，說到我喜歡那個房間還有另一個原因，那就是透過窗戶可以看到鄰居花園裡的熱帶植物，讓我感覺不像在自己的房間裡。那棵樹很高，近得像是把手伸出窗外就可以搆得著，想要看窗外其他風景還會被擋住的那種距離。如果打開窗戶稍微後退一點往外看，不僅有住在熱帶國家的感覺，還有棵像觀葉植物般而且也不用幫它澆水的樹，這樣算是運氣不錯吧！

東西是他人或是自己的，可以區隔得很清楚，但若從自己與地球環境的界線來看卻變得很微妙。陽光和風景似乎都不是我的但也好像都是我的。在簡單生活中嘗試著放下某些東西之後，我更常有這種想法。不管如何，我們只能擁有它一段時間而非永遠。即使你沒有擁有但感覺到「啊！真是不錯」的東西，或許就可以說它是屬於你的，「簡單」就是可以給你這樣的輕鬆自在。

在沒有太多干擾的房間敏銳度會提升

當我在沒有家具和物品的空間裡消磨時間，頭腦自然而然變得更清晰。雖然只有幾次經驗，沒辦法確切說明，但非要解釋的話，我覺得跟冥想很類似。什麼都沒有的空房間即使你不閉上眼睛也不必集中精神，單單是身在其中就會讓你出現冥想的感覺。

在沒有娛樂和太多干擾的地方會自然而然地意識到兩件事。一種是對環繞在你周遭環境的感覺，譬如說外面傳來的聲音、窗戶吹進來的風、移動的陽光和地板的溫度。另一個是我最近一直在思考的事，與自己獨處時即使不特別去想也會自然而然地出現自我反省和渴望。你的感官會比平常更加敏銳，思緒似乎更加井井有條。離開房間後這種感覺還會再持續一小段時間。

它的效果很棒，只不過我沒辦法以後也像這樣一無所有地過日子。如果可以的話我想在家裡保留一個空房間，或是試著讓臥室除了寢具其他東西都不放。

沒有物品無事可做，讓我覺得很空虛

以前我是那種與極簡主義完全相反的極繁主義者，我喜歡收藏東西，買東西從不考慮使用問題而是懷著「有了好像會滿好玩」的心態。這也是為什麼我有數不清的陶器相撲人偶、假鬍子和按鈕後眼睛會發出亮光和聲音的佛像、鑰匙圈之類的東西。在接下來的幾十年間，如果有幸用到它們的話應該也不到一分鐘的時間（而且到時可能也找不到）。

雖然不需要，但我也不打算把它們丟掉或因此去否定這些東西，因為我就是喜歡擁有東西，覺得這樣才是最真實的自我，所以當我一無所有地待在家徒四壁的空房間時，覺得非常寂寞。但在幾天之後，我突然間湧出一股「即使什麼都沒有，但我還是原來的自己」的想法。或許我以後會在旅行途中，繼續購買有點嚇人的面具，但是當我認清與物品斷開連結之後的自我本質，那麼我可以不需依賴這些面具，而與它們保持適當距離。

沒有物品的生活也可以當做防災演練

從結果看來，極簡生活最初的一兩個星期也算是防災演練。發生災難時你想帶走哪些東西呢？真的碰到災難時可能會有一些細微的差異，譬如說一定要拿手機才能方便聯絡之類的。只是當你慌慌張張、除了身上穿的衣服之外什麼都沒有時，你的身體和內心會知道什麼東西對你最有用。

譬如說你不能一直坐在地板、有一條毯子會讓你比較安心、如果你光著腳那裡也去不了、沒有牙刷會讓你打不起精神、有一本書可以保有自己的世界或是你非要馬上拿到指甲剪不可之類的事。不只是為自己準備防災用品，在支援其他受災的人時，我都會想起這種親身經歷過的感覺。

什麼都沒有的房間很棒

雖然這樣講有點武斷，但沒有任何東西的房間真的很讚。少了物品的六個榻榻米房間，看起來是前所未有的細緻，白色的牆壁很清爽，屋內的四個角落看起來也很好，寬敞的留白感覺很雅緻。我一直都想要裝飾得宜的房間，但比起我花了許多心思佈置，什麼東西都沒有的房間竟然勝出，這是什麼道理！

如果你有品味或許可以在東西的增減當中，創造出完美而平衡的時尚空間。但以我的程度真的沒辦法打敗一個空房間，與其一直想照自己的想法做裝潢弄到進退兩難，倒不如不要太過堅持而把它簡單化，或許看起來會更有品味，即使你在這麼做的同時打從心底升起一種抗拒感也沒有關係。

話說回來，若是想先絞盡腦汁做做看，覺得行不通再放棄重來也沒有關係。透過簡單生活讓我發現空空的房間比自己的品味更好，但我以後還是會繼續嘗試錯誤。發現鏡子、花瓶和托盤不能這樣放或是那樣擺，而去更換擺設位置是件有趣的事。與其一直在思考跟房子是否合拍，也有突然間福至心靈想買一幅畫的心情。不順心的事情有時也不盡然都是壞事。

家是療癒的地方

家裡的東西不多讓人感覺非常舒適，就像是每天都住在飯店裡。即使是出門，有時也會想要「趕快回到那個舒適空間」，我完全體會到只要回到家裡疲勞就一掃而空的感覺。

很累的時候回到一個凌亂的家會讓我感覺更累，但問題可能不是出在它是否雜亂無章。以前我的房間看起來就是讓人腦袋安靜不下來，各種商品包裝紙、放在房裡晾乾的各種五顏六色的衣服或是丟在一旁的茶壺等等東西。

當我開始簡單生活，看到白色牆壁和什麼東西也沒放的地板，就找到那種安心感。雖然很難做到把東西全部丟掉，但如果留下一點空白，那它將會是你的避難所。如果你在眼睛可及之處打造一個不受訊息干擾的環境，它就可以讓你的腦子好好放鬆。

布料裡面編織著安心感和自由

當我拿到浴巾和毯子時，很訝異地發現自己竟然變得如此平靜。把頭和身體包起來會使人放鬆，而且用布把臉圍起來竟然會有開心的感覺。我想像自己如果發生災難在避難所拿到一條毯子時，應該會有鬆了一口氣的感覺。它不只用來禦寒，而且還有精神上支撐的包容力。

最開心的莫過於能夠把它摺疊成各種想要的形狀，摺好一點就是個枕頭，也可以用浴巾把髒衣服暫時包起來，或者把它披在肩上或蓋在腿上。所謂整理東西就是隨心所欲地去改變工具的使用性，這裡面似乎隱含著一些初心的樂趣。

毛巾或毯子拿在手上時的安全感和它強大的功能性，讓我領悟到布料的重要性，畢竟它自古與人類相伴至今啊。

直接坐在地板上的極限只有半天

我本來覺得坐累了只要站起來就好，但問題好像不是這樣。如果你在沒有椅子或靠墊的情況下坐半天，那麼你的屁股和身體都會覺得不舒服。即使躺下來或站起來也不會恢復原狀，也就是說你會痛到走投無路、只想喊救命。

當手臂麻木動彈不得時，有時我會試著用另外一隻手去抬它。哇！這時才知道手臂竟是如此沉重，這應該就是人體真正的重量。在沙發和墊子等柔軟物品的支撐下，人類在日常生活中忘了那些肌肉、骨骼和神經到底有多麼重，就是因為忘記了，所以臀部才會承受不住身體的重量而發出哀號。

我好久沒有這麼清楚意識到自己身體的本質。由於第一天碰到的這種痛楚，讓我覺得人類在日常生活中被各種工具和資訊所包圍，才會漸漸看不清自己的樣貌。

我還是想要一張沙發

雖然在一百天之內沒有用到沙發，但老實說我很想要。白天我把墊被摺疊起來坐在上面，這樣很舒服，而且最重要的是房間看起來乾淨。有沙發意味著有什麼東西會積在底下，你很難去除椅腳和角落的灰塵。但在評估過這些麻煩事之後，得到的結論還是需要一張沙發。

不管怎麼說人的身體是活動的，坐在低處和坐在沙發上使用的肌肉群不同。當你坐在比較低的地方，想要起身需要比較強壯的內側肌肉，如果你很累那就需要一點力氣才能站得起來，這樣會慢慢削弱你的HP生命值。

沙發也有缺點，因為好坐很容易就賴著不想起來，但在評估優缺點之後它在我心目中勝出了。生活的各種樣貌就是像這樣經過無數次仔細評估比較而造就出來的。

※ HP生命值，主要用於電子遊戲中角色的體能量表。

生活中有很多讓人歡喜的香味

用洗衣粉洗衣服時會有花香、令人很放鬆的護手霜香味、清爽的牙膏香味、讓人很開胃的麻油香味、秋夜靜謐的氣息等等，生活充滿各種迷人的氣味，它們的存在超出我的預期。

我沒有收集香水和香氛蠟燭的習慣，但我發現自己還滿喜歡聞香的。我想享受更多生活中的芳香，當做享樂、療癒也好，或是用它來品味時間的豐富性。簡單生活提醒我，要將這種一直被視為理所當然、空氣中所蘊含的味道當做是寶物來珍惜。

擁有一台電腦代表你跟世界的連結

取出運動鞋時世界變得更寬廣，而3DVR穿戴裝置讓現實的層次更加豐富。當我有了電腦並把它連上網路時，覺得自己擁有無數跟世界連結的細線，不過與其說是擁有，倒不如說是身體被緊緊地綑住。

如果新冠肺炎這段期間沒有網路會變成什麼狀況呢？感謝有它，即使距離很遠也可以做很多事。當人與人不得不保持距離，與這個世界沒有任何聯繫而各自生活時，應該會覺得非常寂寞吧！

在一直無法跟人碰面的時候，電腦就像是被安置在家中的世界窗口，有時即使關閉電源也會感覺還在線上。因為它只是一扇窗，所以請你一定要記得，你隨時都可以拉上窗簾或是放下百葉窗。

時

有關時間的發現

增加時間的工具、減少時間的工具、感覺時間的方法

在什麼都沒有的空房間，一小時的感覺就像四個小時

當我待在一個沒有手機、電視或書籍的房間，人生好像突然間被按暫停鍵。一開始我手上什麼都沒有，那種閒暇簡直像是懲罰。沒有事做、壓倒性的空無和安靜似乎可以聽到心跳的聲音。不由自主地被迫去面對自己，還滿有閉關修行的感覺。

但過了一段時間開始意識到那裡並不是什麼都沒有。打開窗戶，傳進屋裡的蟲鳴大合唱竟然是如此大聲。在空無一物的房間，夜晚的氣味具有致命吸引力，光是聞起來就樂趣無窮。打開窗戶傾聽或是用臉頰去感受吹來的風。因為倒立而讓你知道身體的重量，就像是運用不被時間束縛也不在乎得失的行動，去伸展你的各種感官。

遲鈍已久的感性逐漸變得敏銳，讓人覺得自己是被時間所圍繞，而非在「度過」時間。或許是我以前常常焦慮地想著將來的事，而不顧自己的感受，我很開心自己終於學會享受當下。

想說有空再仔細想想的事情，其實只要兩天就能解決

想說等到冷靜一點的時候再慢慢去面對，等到比較不忙的時候再來想辦法，結果一拖就是十年。它是半透明很難捉摸、總是浮在腦海中的一朵雲，雖然看不清楚裡面到底有什麼，但覺得好像滿重要的。

開始簡單生活的最初幾天，在空空的房間裡像修行一樣度過的那段時間，我努力抓住這些漂浮在腦海中的雲朵，試著跟它們溝通。然後雲轉過頭看著我：「咦！好像也沒什麼大不了的，只是……」儘管如此我還是不放棄地繼續抓住它們仔細研究，它們是過往的陰霾和未來的陰霾。兩天之後，這些陰霾消失，我不再去想它了。

或許，最重要的並不是醞釀出答案之前這段很長的煩惱時間，而是決定去思考這件事本身所帶來的安心感。這看起來好像有點矛盾，但充裕的時間即使很短暫也沒關係，因為「如何度過這段時間」遠比「時間長短」更為重要。

最近，我為了讓腦袋不要一直記著幾天來發生的事情而開始寫日記，這是一種把在意的事情全部都攤開來的作戰策略。因為看不清楚全貌卻又很在意，把它們攤出來檢視卻發現沒什麼大不了的事還真不少。我其實沒有自己想像中那麼複雜。

減少時間的工具和增加時間的工具

我滑手機時即使沒有做什麼特別的事情，時間很快就溜過去了。或許主宰時間加速的工具就是手機，還有電腦、電視、遊戲和漫畫可能都是手機的同夥。當你瘋狂沉迷於一本書或遊戲時，時間的確過得很快，但相對於你得到的滿足也不能說時間減少了。

讓你在心情不為所動的情況下度過時間的物品，我稱為「減少時間的工具」，相反的還有一個「增加時間的工具」。洗衣機和吸塵器減少家事勞動，雖然可以說它們讓人多出大把時間，但在這裡我要講的是可以減緩時間流動的工具。有了這個，你可以在忙碌的日常生活中增加一個逗點，它不是讓人為了達標而急急前行，而是為了享受活在當下而準備的東西，花瓶、香味好聞的護手霜、信箋套組、酒杯等等對我來說就是這類的東西。

如果你意識到自己的時間流向，就可以使用工具來控制它。接下來是要集中精神還是要放鬆，動用意志力去控制時間的流動比我們想像中困難，但了解哪些工具可以讓你把自己的開關打開，那它應該就是捷徑。

延長體感時間的祕訣

除了在空蕩蕩的房間消磨時間，或是跟那些可以減慢時間流速的工具打交道，還有一些技巧可以延長體感時間，其中之一就是肌肉訓練。

也沒必要很認真地做。閱讀本書的讀者們，現在先來試試深蹲二十秒。做了嗎？真的？假裝做了？做了？覺得我這個人很白目？……如何，有沒有覺得「二十秒很長！」「怎麼時間還沒到啊！」我這個人沒什麼耐心，根本就覺得撐不下去。

趁還在興頭上趕快再多做一點，啊，我一堆事情要做沒時間了，已經夠了吧！像這樣想做但沒辦法再持續，真不知道是要讓時間過得快點還是過得慢一點。

我最近發現另一種刺激時間感的事情，那就是拈花惹草。

這也不用大張旗鼓，只要把大蔥的根浸到水裡就可以感受到。只要幾個小時就可以看到它開始長高，實在太有趣了，忍不住一直去觀察。每天早上醒來就趕著去看我的葱，當我開始期待它明天會長到多高時，那種對於時間流逝的愧疚和恐懼減輕了。

這讓我知道除了時鐘滴答的客觀時間和自己感受到的時間之外，其實還有植物時間、動物時間、光的時間和各種時間一直都在流動。我覺得像這樣與時間嬉戲，刻意地讓它延長或縮短也是滿不錯的事。

沒有計時工具可以培養節奏感

我以前在餐廳牆壁掛了一個時鐘，但在一百天的簡單生活裡，撐到最後都沒有把它拿出來用。並不是不想要時鐘，而是很想試一下待在沒有時鐘的房間裡消磨時間。

結果出現了幾件好事。首先，我開始注意到陽光明媚的日子裡不同的光線，早晨雖然光線明亮但帶一點朦朧的柔和，午間活力旺盛的光線則光芒四射地傾注而下，接下來的光線就像是慢慢把音量旋鈕轉小一般直到太陽下山。在感覺到肚子餓之前，藉由光線的變化讓我知道「嗯，好像差不多是該準備午餐的時候了」。

即使人在屋內，光線透過窗簾的亮度和氣氛也能清楚傳達。最讓人覺得有趣的是皮膚會比你腦袋想的更快察覺時間的變化，雖然這本來就是人類在發明時鐘之前早已擁有的感覺。

不靠數字但這種由光線所形成的節奏感運作得非常順暢，譬如說黑暗中會想睡、在明亮中清醒的運行方式。不可思議的是，若不看手錶的話我會覺得時間過得比較慢。以後應該還是會繼續跟計時工具共存，只不過若是在度假時把手錶摘下來，我應該也可以隨時運用這種規律的節奏感。

簡單生活才兩星期就讓我的身心爽健

雖然一百天簡單生活期間讓我學到不少，但事實上在剛開始的兩周，因為缺乏物品而必須調整身心節奏的感覺反而是最讓人回味的，而且最初幾天的印象最為深刻。即使無法確保連續一百天或兩個星期，光是在周末試著遠離手機或是電腦進行３Ｃ排毒應該也會很有效。以後如果覺得生活使不上力時，可以用這種方式試試看。

如果你不想如此大張旗鼓地體驗無物生活，那麼利用搬家時機應該也不錯。譬如說調整入住日期，在東西搬進去之前先住一段時間，或是只帶少量東西去旅行或入住旅館，應該也可以體會到那種輕鬆感。定期改變環境或許可以維持對生活的敏感度。

生活中也有相對論

一個隨便度過的星期天和花一天拜訪著名景點的假日，它們的時間流動方式完全不同；聽校長訓話十分鐘和只剩一點時間玩遊戲的十分鐘有天壤之別；大人三個月和兒童三個月截然不同。大家應該都了解時間是會隨著主觀意識而膨脹和收縮。

由於進行簡單生活的挑戰，讓房子和自己都變得更寬鬆的結果，也讓時間的形狀變得更清晰，即使是待在家裡的平常日也有各種方式的時間流動。

把二十四小時變成四十八小時的訣竅只需要一點點小調整。把東西減少（或是在所有物品不減少情況下，準備一個東西不多或是舒適的房間）或停止資訊干擾騰出二十分鐘去感受夜晚吹來的微風，關閉手機，寫信給朋友。一天之中哪怕只做一點點也好地把時間過得比時鐘的指針還慢，或是反過來讓生活過得很緊湊，這樣鬆緊有致地調整生活，不就可以減少那些哀嘆日子過得很快的遺憾嗎？

最近我開始把時間分成兩種類型：流動放鬆的時間和可碰觸的時間。「現在有點懶散墮落喔！這樣不行，趕快切換到另一個時間」，用這樣的方式讓我變成每天都在時間框架之間來回穿梭的時間旅行者。

潔

有關修飾儀容和清掃的發現

洗澡、化妝、清掃

不用牙膏會讓你想要更仔細刷牙

我在第五十二天才拿到牙膏，會這麼晚是因為我有點沉迷於不用牙膏刷牙這件事。刷牙不用牙膏很難得到「乾淨的感覺」，自然而然會花更多的時間去刷。我一直都以為牙膏的軟黏度結合清涼的薄荷讓我神清氣爽，這其實是薄荷陷阱。以後我想偶爾實踐一下這種不用牙膏的刻苦刷牙法。

用了好久沒碰的牙膏有種讓人驚豔的奢侈感，我的嘴巴變身為高級沙龍。我覺得用牙膏刷牙是一種疼愛自己的行為，不管是刷牙還是使用牙膏都是因為愛惜自己，一想到這件事就會讓自我肯定感瞬間提升。

一百天之內需要用到指甲剪十次以上

當我在第七天不得不選用指甲剪時，一開始是有點不甘心的。明明還需要許多其他東西，卻把珍貴的前半段其中一項花在這種很少使用的小工具……吼！

雖然我沒有數過使用次數，但老實說剪指甲頻率超出我的預期。有部分原因是我喜歡短指甲，大概七到十天左右指甲就有點毛毛刺刺。若以一百天內使用十次以上的頻率，它算是必要項目。

不只這樣，最有趣的是這是有生以來第一次注意到自己的剪指甲頻率，這件事讓我意識到自己是活生生的生物，就像五月的植物般穩定成長，剪指甲就是我還活著的定點觀測行動。

沒有毛巾會覺得渾身濕透的自己很悲哀

洗完澡或洗臉後若沒有毛巾就慘了，臉濕濕的讓人使不上力的感覺很真實，身上的水一滴滴掉下來，就像自尊心正在逐漸喪失似的。

當我一直在想如何擺脫這些水滴時突然間想到小狗狗，搖頭和跳躍雖然看起來很可笑但有一定的效果。當我第四天拿到大浴巾（順便當做小毛巾使用的概念），那種久別重逢的擦臉喜悅真是讓人回味不已。

當人被毛巾包覆時心也被包了起來，以後如果碰到濕透的人，我會像包住他的心般給他毛巾。希望這不算是太過多管閒事的安撫。

使用全效清潔露浴室看起來很清爽

全效清潔露彷彿是為了挑戰一百天簡單生活而存在的超級幸運物。我可以用它來清洗頭髮和身體，它的全效功能也讓我不需要洗面乳和護髮乳。一瓶可抵四種物品，你不覺得這實在是賺很大嗎？如果全家人都用這個的話，浴室應該會很清爽，而且也比較容易清掃。

在這種情況下，即使是把保養品精簡到如此地步，也並不表示對自己不夠呵護。對我來說，可以省掉許多麻煩並保持浴室清潔才是最周到的照護。事情的重要性因人而異，我就是想順從內心的聲音去追求稱心的舒適。

毛是為自己而剃的

在挑戰開始之後的七十八天取出美體刀，它是我以前常常帶出門旅行的東西。臉上的汗毛、眉毛和指毛，它們的生命力大到讓人不快，放任幾天沒處理就會越來越長。本來這是第三天就想要的物品，與其說是「想要」倒不如說是很接近「必要」的那種急切。

在我開始拿取每天所需物品時，美體刀在當時排名第七十八，順位並不高。才不要管什麼毛呢，我只想讀一本書，這些毛髮要長就請自便，我只想跟最愛的土偶在一起。沒想到嘗試讓它們自由生長，竟是如此讓人開心。

去除了慣有的強迫行為，美體刀的優先層級變得很低。但為什麼又把它拿出來呢？因為想剃毛的時候就剃是一件極度爽快的事情。淡金色的汗毛讓皮膚看起來比較亮，不過剃完毛的光滑手指尖看起來也很可愛。即使去了無人島，我還是會想要把毛刮一刮，相隔七十八天把它拿出來只為了滿足我自己。

化妝品可以照亮你的臉和心情

因為新冠疫情的關係，挑戰簡單生活期間外出或跟人見面的機會並不多。對化妝品的需求雖比平常低了一些，但不管疫情出門去跟誰見個面，都讓我再度肯定有它的美好。

在臉上逐一擦上CC霜、唇彩、眉粉，會覺得整張臉好像有燈泡一個個被點亮。我以前化妝大都是為了要出現在公眾場合，現在我開始想要為自己化妝。

頰彩是不必要的東西

一百天之內取出的化妝品有乳液、防晒隔離霜、ＣＣ霜、脣彩、眉粉；一直都放在化妝包裡的眼影和頰彩沒有被選中。

念中學的時候，為了不想讓別人覺得我看起來臉色蒼白曾偷偷塗了頰彩去上學。沒辦法塗的時候，還會在家裡的走廊拍打自己的臉頰之後才出門。對當時的我來說化妝品就是頰彩。

現在已經成年，最重要的事變成了遮掩臉上的暗沉。我一直都以為頰彩是不可或缺的化妝品，但最近就沒有那麼確定了。到底是要用粉色系或是橙色系，那一種比較適合？是要塗在頰骨上還是臉頰側面呢？要塗滿還是輕輕刷一下就好？直到現在我還是沒搞定，每天都左思右想。

想說趁這次機會把頰彩給戒了，搞什麼呀，結果還真的不需要！對此我不再有猶豫了。不過這是發生在我自己身上的情況，對有些人來說可能是不需要脣彩或其他東西。像這種理所當然覺得一定要有的物品，或是一定要做的習慣當中，應該有不少捨棄也無所謂的吧。

如果沒有頭痛藥整天就像被棍子毒打一樣

我大約每個月會有一次讓人束手無策的頭痛。這種時候即使睡一覺也不會好轉，只能靠止痛藥。止痛藥這種東西吃太多對身體不好，對胃的負擔也很大，但如果不吃那天就玩完了，什麼事也沒辦法做。

吃了藥就可以好轉，像平常一樣過日子，只要兩顆藥就能改變那一天。想到這一點，覺得它應該可以光明正大地排進一百件物品清單。雖然身體沒事的時候不會注意到它，但它的存在與否讓結果大相逕庭。

頭痛那天我直接選了頭痛藥。雖然在那之前我完全沒有意識到它的存在，但頭一痛它立刻躍居最優先選項。我現在了解常備藥對自己有多重要，以後也會很小心地隨身攜帶，不只是出差或旅行，甚至連平常出門都要帶。有許多物品都跟自己的身體息息相關。

如果地板上不放東西，吸塵器一分鐘內就可以搞定

秒殺！髒髒～吸吸～吸吸～吸～嗯！然後就結束了。以前使用吸塵器打掃最討厭的一件事就是家具和放地板上的各種東西。現在真的是輕鬆無負擔，比以

前更常使用吸塵器；因為輕鬆所以心情很好，因為心情好所以就常常去做。

為什麼以前讓人覺得很煩的打掃和整理，在簡單生活中反而被矯正了呢？我覺得不只因為東西變少或是勞動時間減少，另外一個重要原因是一切被攤開來，你的目標既清楚又明白。

以前我有過打掃完畢但對某些地方還不是很滿意，雖然心裡覺得那些搆不到的地方或縫隙不夠乾淨，但最後還是只能清理到某個程度就妥協。即使我投入一整天拚命收拾，也無法解決我在意的事，或是已經收拾整理但離完美還有一段距離，這種束手無策的感覺讓我提不起勁。等到那些讓我覺得怎麼做都無法完美的諸多「未知部分」都消失不見時，才能在某種程度上感覺到房子是身體的一部分。

清掃工具也是抒壓用品

打開窗戶在亮晃晃的陽光下使用除塵黏毛滾筒在寢具上滾來滾去清除毛髮，這件事有趣到快讓人噴鼻血，喜歡的程度到了該清的全部都清乾淨之後，卻覺得有點若有所失的地步。以前日常清潔工作對我來說很乏味，打掃只是讓我空閒時間減少的敵人而已，我認為有幾個原因讓這件事變成一種獎賞。

首先就是空閒時間增加了。就像我在「時間」那個單元提過的，我很確信「隨著物品數量的減少會讓時間增加」這項公式法則，所以當你有了更多的空閒時間，心情就會更加放鬆。

還有，因為娛樂減少了，所以更能夠好好地品味所做的每件事樂趣所在。這樣做並不可憐喲！因為有很多被認為是娛樂的事情，其實都是沒有打開你的感官就溜過去的訊息而已。我想繼續過這種能夠讓人感受到清掃樂趣的生活。

工作

跟工作相關的發現

動機、思考整理

讓你覺得很煩的事情減少了

在東西很少的房間裡我的注意力比較集中，工作效率也向上提升，原本後面好像連著一大串看起來很麻煩的事情，突然間減少了。好，現在回個email；嗯，來打包把東西收一收……為什麼東西變少可以讓人覺得如此輕鬆呢？

會不會是……或許可以假設，一直讓我覺得很沉重是因為擁有太多物品。被數量大到無法管理的物品所包圍，這些東西在房間和我們的習慣當中，生出許多黑洞。吸塵器可以在沒有東西的地板快速運作，其他的事情也是一樣，只要你看得清楚就容易往前推進。懶散邋遢是自己造成的，讓生活變得困難的人也是自己。

好像可以取得在輸入和輸出之間的「醞釀時間」

以我的情況來說，去某個地方體驗一件事、讀一本書、看一部電影都是「輸入」；在廣播節目中提出來、跟朋友交談、寫稿子是「輸出」。輸出不會超過輸入，輸出越多新陳代謝就越高。因為相信這種運作方式，讓我一直在嘗試吸收更多東西並把它傳送出去，但每天忙碌的生活讓我即使想要消化某些東西，卻因為太過焦慮而無法做到，讓它平白溜走了。

簡單生活讓我有充裕的時間，因而生出一種「醞釀時間」。它是在經歷過一些事之後，透過思考而慢慢熟成的時間，是你會想要觸摸而且具有強烈吸引力的時間。透過這樣的做法，我覺得自己的傳輸功力比以前更加游刃有餘。既不屬於輸入也不屬於輸出之間的「醞釀時間」，或許可以增加你輸入和輸出的強度。

房間沒有東西，連電腦螢幕的桌面也會好好整理

我的電腦桌面一直都是亂七八糟的。在座談活動中，每當我把電腦連到會場螢幕時，會先把桌面上的所有圖示全部放進取名為「臨時」或「需要安排」

的文件夾當中。接近截稿日期時「fixfixfix.mov」或是「最最新版.docx」這種名稱的文件會儲存在桌面，因為我擔心忘記把它們放在哪個文件夾裡，於是就取了這樣的臨時檔名，這根本就是自己跟自己作對的無謂消耗戰。

開始挑戰簡單生活後，我自然而然開始做資料分類，有一天我在遠距會議分享螢幕時，終於被人稱讚「桌面整理得很乾淨」。

不知道有誰這樣說過，「桌面混亂就表示他的精神狀態也很混亂」。住在簡單的房間讓我有時間去整理腦袋裡的東西，我理解到自己能夠應付多少事情。就像幫檔案夾命名做資料歸檔，物品也跟資料一樣也都需要整理。

跟整理房間一樣清理腦袋工作也會有進展

在實踐簡單生活時，我發現工作進展是前所未有地順利，這應該有很多原因。最初幾天進行3C排毒讓我的頭腦變清醒了，吸收的資訊量變少讓我比較容易集中精神，加上誘惑也變少。察覺到每天可用時間變長，讓自己比較從容。

如果你不趕時間心情就不會那麼煩躁，這個可能是最大的原因。以前我總是一直被什麼東西追著跑，或是忙於追求著什麼，經常都處於容量不足的狀態，身上老是揹著自己也弄不清楚的、沒頭沒腦的東西。我覺得那些看不見的東西應該是藏著很重要而且複雜的事情，但我又不敢去弄清楚原委。對於那些不了解的事情，你會一直害怕面對，而且感覺它們好像很難搞。

簡單生活重新塑造我的生活，開始慢慢看清自己的情況。搞不清楚也看不見的部分裡面並沒有什麼重要的東西，一旦確認過後你就會放心，知道只要先把眼前的事情完成即可，而且不管什麼工作都有做完的時候。簡單生活和你的腦袋所想的事有明確的關聯性。

樂

與娛樂相關的發現

聽音樂、看電視、享受居家生活

時隔二十天第一次用耳機聽音樂讓我的心房顫抖

在空蕩蕩的房間裡，放空的心情和身體所感受的音樂美妙無比。最初幾天處於相對禁慾的環境，相當程度地增強了我的五感。我平常是用無線耳機邊聽音樂或廣播來工作，但一段時間沒這麼做，感覺耳朵好像少了什麼可以填滿它的東西和刺激，而現在終於了解在三溫暖之後補充運動飲料那種全身被滋潤過的感覺。

是的，就是三溫暖，簡單生活有點類似三溫暖，當你失去物品的同時也減少了訊息的傳入。在一個訊息量減少到極限的空房間裡，空到讓人喘不過氣，一開始會有點焦慮，但漸漸地你的感官會被打開。當你有壓力或是腦袋塞滿太多事情時，聽音樂雖然有點幫助，但是當平靜的心靈受到刺激時，會更加感受到那種流竄全身的酥麻感。

只要一個桌遊就讓家裡的氣氛變得更好

桌遊不只是玩具，甚至可以說是教導我們生活意義的工具，因為桌遊的存在提供大家面對面的理由。反過來說，多虧桌遊讓我們可以避免面對面。這聽起來有點矛盾但實際上就是這樣。

不想見面卻必須碰面，或是無法去面對都有其理由存在，很久沒見面沒有共同話題的朋友、住得太近而不得不講話的家人、第一次見面的人，還有那些你根本連碰也沒碰過的陌生人，無論你們是什麼關係，都可以透過桌遊一起共度。談話必須有內容、個性合不合得來這些事都變得無關緊要，光是同時共享地點和時間這件事本身就具有意義。桌遊對我來說是一百件不可或缺的物品之一，也是可以跟他人共處的象徵。

在家也可以旅行

我喜歡旅行，不管是在日本或是國外，只要累積一定天數就會出門一趟。

旅行的好處是接觸未知的地方和事物所帶來的新鮮感，可以讓我們用比較宏觀的視野來檢視日常生活。旅行是非日常性的，我認為只有在非日常的生活當中才能客觀看待日常生活。

我以前認為「新鮮感」和「宏觀視野」這兩件事只有出門旅行才能體會得到，但是嘗試簡單生活時，卻訝異地發現我可以同時感受到這兩者。當我試著把需要的物品一件件取出時，才意識到我其實並不熟悉這些以前自以為很懂的物品。而透過完全改變生活方式，讓我可以把日子分開並去思考「簡單生活之前的過去」和「現在所過的生活」，進而看到自己生活的輪廓，而它就像是出門旅行一樣每天都有新的發現。

即使在家裡也可以旅行，以後我也想持續像旅行一般的生活啊！

3D VR穿戴裝置就像入手鞋子一樣讓你的世界變寬廣

前面曾提過有了鞋子就可以探索外面的世界。在沒有勇氣赤腳出門，也沒有其他選擇的前提下，說得誇張一點，所謂的外面世界就是因為有了鞋子才形成的。與這種說法很接近的是，當我拿到3D VR穿戴裝置時，世界才大大地擴展了。

雖然我還不算是個玩家，但我喜歡新奇的事物，開始簡單生活之前我已經沉迷3D穿戴裝置好幾個月了。只要戴上它就可以把空房間變成連壁爐都具備的豪華起居室。以前我雖然經歷過虛擬實境的有趣之處，但現在因為現實當中空無一物的房間和虛擬起居室的落差實在是太大了，讓我有種身處未來的感覺。它很有沉浸感，與其說是品味倒不如說是一種親身體驗。尖端科技實在讓人甘拜下風。

3DVR體驗就像是給這個世界多加一個層次。我覺得沒有物品的生活在這一層的表現到達極致。當然，在虛擬空間有個理想的房間並不表示現實生活就可以隨便過。

如果克制享樂，生活沒有太大意義

當我每天一件件地取出必需品進行到一半時，曾經出現過「人為什麼要活著」的念頭。我厭倦腦袋瓜一直想著現在還缺這個、缺那個，但最後卻只能取出一件最需要的東西。

從昨天到今天，從今天到明天，我想要過得越來越舒服的動力非常旺盛，乍看之下好像是個美好的學習歷程。但生活的目的應該不只是為了往前邁進，我更想要的只是停在某個地方跳支舞。

比起微波爐我寧可選擇土偶，要花瓶不要衣架，畫冊比電鍋優先。為了享受當下的那一天，有些東西比追求便利更重要。有時候我會仔細考慮是否需要才取出物品，但我也很珍惜想要擁有不必要而且也不急用物品的瞬間想法。在這個重新定義生活的挑戰中我意識到這一點，它也賦予對於未來生活的期望。

我一直想要開心過日子，以生活本身為目的，而不談什麼生活的意義或是使命感之類的事。如果撇開便利、效率不談，那麼最終什麼都不做反而是最不浪費生命的生活方式。

我活著就是要照自己喜歡的方式過日子，即使沒有筷子，但我想讀書的時候就去讀。當我真正放下很多東西的時候，才終於意識到即使碰到這麼多的不便，我的想法還是沒有改變。

理解繩文人把土偶當做寶貝的心情

當我在第七十一天選擇遮光土偶時，一直被問到：「為什麼要選擇土偶？」如果我是人氣動漫的忠實粉絲，而且也拿出劇中人物的模型公仔，應該不會像這樣一直被追問為什麼了吧？土偶也是人氣公仔，我想把最喜歡的東西放在身邊。

這幾年我對繩文時代很著迷，徹底迷上的主要原因是聽到繩文時期火焰型陶器有燒焦痕跡的那個瞬間。聽說它是祭祀用的道具，不過好像也當做日常用品使用。用那種裝飾累贅、看起來很難用的容器來做日常炊煮實在很不合理。

考慮到使用的方便性，炊具裝飾應該越少越好，但我也因此愛上繩文人這種很不理性的感性。

單單只是收集必需品的生活很乏味，讓人幾乎要忘記生命的意義。我打從心裡知道為什麼繩文人要用裝飾華麗的陶器來做飯，兼具神聖意義又容易親近的土偶除了用來祭拜，放在家中不也是理所當然嗎？（以上純粹是我個人想像，這也是對於繩文遺產隨意想像的樂趣所在。）

土偶對我來說，象徵不想忘記存在於非理性事物當中的人性，這也是為什麼會把它加到我的生活當中。

智慧型手機讓我一天的體感時間減半

即使學會如何享受輕鬆時光，我也很擔心如果有了智慧型手機，可能在第一天就回到以前那種急匆匆的生活，結果也確實如此。但為什麼會有這麼大的變化？

也許是在不知不覺上傳太多和自己相關的東西，我喜歡的各種資訊、想要展示給別人看的、與人互動的，這些資訊大部分都是放在電腦和網路上。即使是真的打算要腳踏實地過日子，但某一天網路註冊帳戶突然被刪除，應該任誰都會覺得空虛吧。總而言之，這就是曾經屬於我但可能再也要不回來的部分。

手機就好像是一個具有感性的外接式硬碟。最近我經常在思考一種說法，那就是透過感性去使用手機的時候，才能真正感受到純粹的時間。

其實沒有必要假設電視是時間的小偷

在我的生活當中，電視的重要性一直都在改變。小時候只要一回到家就立刻開電視或是一整天杵在電視前面，現在這件事正被網路取代。早上起床會先上網，也是一直賴在網路上漫無目的的瀏覽。現在只剩電視台在某個時段播出想看的節目，或是用電視看網路節目及ＤＶＤ時才會用到。以前黏著電視不放，但我現在更加沉迷於網路世界。

本來覺得把電視引進簡單生活會讓每天的體感時間縮短，沒想到根本沒這回事，因為我只用它來看想看的轉播節目，比平板還要大的螢幕也讓我在觀賞喜愛的電影時更加專注。可以說電視在某種層面更加豐富了時間。

電視和網路對於生活時間的影響，取決於它們是主動或是被動參與。即使離不開慣性的引力，物品本身也不會主動把時間偷走。如果跟網路的距離再拉開一點，是不是可以重新取回我的時間呢？

讀

與書本相關的發現

書、書架、閱讀

第九天就忍不住拿了書

我之所以開了一家書店，是因為從以前就很喜歡看書。第九天還在持續收集生活必需品的艱難階段，但那天我真的很想要一本書。

我已經習慣沒什麼物品的生活，而且也滿享受這樣的時光，但我還是很飢渴地想要〇〇。我一邊想一邊把物品名稱填在〇〇裡面，是娛樂、刺激或資訊嗎？這些東西都差那麼一點，都不是正確答案，把它們歸類為「我喜歡的東西」可能會比較貼切。我最渴望的不是娛樂、刺激和資訊，而是能夠帶給我安心感的東西，那就是書籍。每個人渴望的東西不同，有可能是迷你四驅車、唱片或者是盆栽。

睽違九天，我打開書本時突然一陣悸動。翻開書本封面後的第一頁叫做

「扉頁」，這本書也是開始簡單生活的第一扇門（門扉）。門突然間被打開了，也許是受夠在無趣的空房間面對真實的自我，這扇門讓我的心高飛到不同的世界，感覺到了完全的自由。

一次讀一本書可以讓你更加專注

我是個積讀（譯注：是指買很多書但都沒看完，甚至連翻都沒翻過）的累犯，也是蓋出積讀高塔的一級建築士。有時候會心想不要管了，反正積讀也是一種閱讀方式。同時讀五本書對我來說是理所當然，我幾乎不曾一次只專心閱讀一本書，但簡單生活就讓我做到了。

只讀一本書……好嗎？專心程度提高百分之二十（根據我自己的調查），看到某個章節想去參考一下別本書也行不通，這種情況強化了我對那本書的想法和專注力。書籍是反映精神狀態的鏡子，很奇妙的是，書中經常會出現我當時正在尋找的字句，或許只讀一本書會對於從書本中尋找答案的渴望變得很強大而且充滿念力。

優柔寡斷的個性也是原因之一，即使是出門旅行我也會隨身攜帶三本書。但是仔細想想，旅行其實是「一書入魂」的最好機會！下次出門旅行我打算好好專注於一本書（但是也已經可以預見自己在旅行途中買書的未來）。

想擁有一本書的心情和想要有個書架是不同的

集中精神一本一本地閱讀書籍對我來說很新鮮，但我也發現擁有一本書和擁有一個書架根本是兩回事。心血來潮時只想反覆閱讀其中一頁的書有很多，當我在看新聞、讀一本書、和某人交談時，有時候心裡會想：「啊！這件事在某本書裡面有寫，好想去確認一下。」我不知道這樣的想法什麼時候會出現，而且我做了記號、想要以後再重讀的書，有可能從此再也沒有拿出來過。

為了那個不知何時出現的瞬間，我還是想要有個書架。到目前為止那些我所碰觸過的書，就是撐起我整個人生信念的歷史。即使是買了但沒有讀的書也是歷史的一部分。想要重讀某本書但無法接近書架，讓我還滿鬱卒的。

六個榻榻米大的房間中，占據其中一整面牆的書架看起來頗有壓迫感，但那就是我想要的感覺。就算以後因為某種契機而想當一個真正的極簡主義者，我應該也不會把書架丟掉。

順帶一提，我也很喜歡電子書，但會讓我反覆閱讀的幾乎都是紙本書。為什麼呢？紙本書上市之前在紙張、印刷、封面設計等方面，是由許多人投入心血製作而成，在閱讀的時候也許能夠感受到那份心意，自然而然地用心閱讀。即使是內容相同但在閱讀的當下，紙本書會讓人更加深入，伴隨自己的感覺更容易記住所讀到的內容。不過我真的很喜歡電子書，並不認為它與紙本書是敵對關係。

物

關於物品與簡單生活的發現

是否擁有東西、物欲、理想的生活

百分之九十以上的東西沒有用到

在我覺得一百件東西就夠用的同時，卻驚恐地發現家裡百分之九十以上的東西在那一百天都用不著。我擁有的大部分東西都是我很少使用的，雖然沒有使用並不等於不需要，但這樣也未免太多了。

被一大堆用不著的東西包圍，我起床、吃飯、睡覺、過日子。這件事讓我覺得人類還滿有意思的，你不覺得這樣實在沒什麼道理嗎？不使用但擁有東西，背後的意思是「將來某天我搞不好會用到」，或是即使知道不會用到但也捨不得丟，因為具有紀念價值。就像水獺拚命收集樹枝在河流上建造自己的窩一樣，人類靠著把可能性及回憶收攏到身邊過日子。當你用這種方式去聯想，會覺得人類真的滿可愛的。

不方便會讓你的靈感大爆發，非常有趣

因為沒有剪刀而讓我想辦法用指甲剪剪了某些東西，或是用牛奶盒當做砧板，在這一百天，利用現有的工具想辦法克服難題的能力變強了。每次碰到問題我都會覺得大腦某個部分受到刺激，哪怕只是一個小小的想法都會讓自己覺得「我真是個天才！」而高興老半天，靈光大放閃的那天就算是好日子。

換句話說，一切都很方便的生活有可能剝奪讓無數靈感放閃的機會。所謂的動腦筋就是一種克服困難的力量，裡面有著理想人類的知性特質。

然而也不能因為這樣，就斷然地說以後只想過使用基本工具的生活，不如就以這種感覺為基準而讓生活一直保持新鮮感，而且這樣再也不怕去挑戰那些有點棘手的事，譬如說露營、種田、使用新食材去做菜等等。讓生活過得沒那麼方便也是享受生活的訣竅。

東西少才能突顯重要物品的「護身符效果」

我一直覺得因為個性喜新厭舊所以才會想要擁有許多東西，但或許也是擁有太多東西才會讓我變得喜新厭舊。

這次最讓我吃驚的莫過於「喜歡一個物品的時間被拉長了」。每天選擇一件物品就像每天得到一份禮物般快樂，在這種情況所選出來的物品一直到用到第一百天還是很喜歡，而且這種喜歡在一百天結束之後也仍舊持續著。

這有幾個可能性，第一個當然是因為選了最喜歡的東西，幾經思量打從心底深處升起想要這件物品的欲望。但還不止於此，人能夠記住的數量有限這件事才是最大的原因。如果你喜歡的東西太多了，就沒辦法全部都記在腦海裡，因為數量有限的關係，才能對它們產生像護身符般的持續情感。

只是接下來我並沒有特別打算當一個極簡主義者，但偶爾會提醒自己要把這種感覺留在心裡：雖然很喜歡也很想擁有，但數量不要太多可能會更好。

一百件就夠了

一直覺得即使我每天一件地增加物品數量，到了第一百天只有一百件應該也是不夠。我沒仔細數過，但很確定自己應該被幾萬件的物品所包圍，光是桌遊就有一百多個了。

這也是為什麼到最後我開始厭倦去思考到底想要什麼，在達到一百件之前我已經什麼都不想要。事實上，我並不覺得接下來能夠只使用這一百項物品繼續生活，但體會到「自己只要一百件物品就可以活下去」這件事讓人很開心，一旦出現什麼狀況也比較沒有包袱，這種自信讓心情和身體都變得輕快起來。

並不是因為我有求生能力或是我沒有太多堅持等理由，才說一百件就夠了，而是知道自己「只需要一百個物品，就能夠得到擁有一萬個物品的滿足感」才會這麼說。慢慢取得，重新調整物品取得時間的練習，就是學習如何熱愛物品及如何從中獲取樂趣的過程。

選擇一百項物品意味著了解一百個自己

別人需要的一百件物品和我所需要的一百件物品應該是完全不同吧！很訝異地發現我以前根本沒有機會知道自己真正想要，或是需要什麼物品才能活得下去，而且這裡面也包括許多讓我很心動跟一直都想要的東西。

以前我就像是在勾勒人生輪廓般的逐一收集物品，而現在與這些物品分開的過程就像是把自己的心逐一歸零。這一百天就像是投注大把時間找出適合自己尺碼的衣服。

一直以來覺得自己是急性子、怕麻煩、有點耍廢又喜新厭舊的形象被顛覆了，我發現自己很隨和、喜歡透過調整環境和改變打發時間的方式來集中注意力。透過多種面向，我從像河流般不斷變化的內心深處，看到自己最深層的渴望，希望能夠在品味時間和多彩多姿生活當中取得平衡。很慶幸我有嘗試讓自己歸零。

生活與人都是生命體

在一百天生活的即時轉播中，有人跟我說「如果是我的話就不要這個」或是「我想更早一點把這個取出來」，很開心大家能夠跟我一起思考如果自己去挑戰的話會有什麼結果。還有一些人是用想像的方式選了一百個物品。

嘗試將日常生活所需的東西一件件取出，我認為十個人會有十種不同的結果。結果互異本是理所當然，因為不同才能感受到每個人的存在價值，這樣也不錯。如果我這一百天是在不同季節或不同月分開始，那麼物品的陣容應該也會跟這次的結果完全不同吧。生活本身和人都是生命體，所以沒有絕對答案。我想知道其他人所選的一百件物品，相信結果應該可以顯露出他們的個性。

順帶一提，我周遭有幾個人在一百項物品當中，可能也會選擇土偶。

第八十天之前做選擇還滿有趣的，但之後就有點傷腦筋

雖然這些東西原先都是屬於我的，但當我再次把它們一一取出卻高興得好像收到禮物一樣。在開始挑戰之後一段時間，每天都像是過生日，然而到了下半場那種喜悅戛然而止。

與數以萬計幾乎沒有照過面的物品或是跟幾十個幫我消除煩惱的伙伴一起生活，這兩者的分量感截然不同。我感覺到它們，回家時它們在注視我，我跟每一個精選物品都有交集而且彼此交心。如果物品數量增加情況會變如何？會不會容量超載？是否要付錢請多一點人來管理？這類的事情讓我體會到類似經營管理者的困擾。擁有東西的責任遠比我想像的要沉重許多。

想要這件事本身是需要很多精力的行為

為什麼增加東西這件事突然間變得不再有趣呢？這需要進一步討論。斟酌今天要選擇哪一種物品這件事對我開始變得有點負擔。如果做了選擇，那麼等在後面的是比昨天更方便的今天，但我卻對此不再有期待，因為我已經厭倦了做選擇。這是以前我在亞馬遜網站隨意點擊購物時從未出現過的情形，網購既

輕鬆又沒煩惱，根本沒有這種壓力。

簡單生活期間我一直都在為選擇物品傷惱筋。雖然告訴自己這種事怎麼想也不會有答案，倒不如趕快做決定，反正選錯也會馬上知道結果，但我就是忍不住一直擔心地前思後想（當然也有大膽相信直覺的日子），這件事讓我察覺到擔心本身有它存在的意義。雖然這樣做比較花時間，但是透過「拿這個真的好嗎？確定嗎？」這種不斷確認的方法，可以讓最後脫穎而出的選擇更有說服力。

用這種方式去選擇或找到想要的雖然比較耗費心思，但也因此與這件經過認可的物件的關係更加緊密。或許自己花時間確認需求並做出決定的過程，遠比從客觀角度得到正確答案更為重要，它跟花一分鐘瀏覽網頁點擊購買的行為，這兩者對於物品黏著度的差別顯而易見。

抑制物欲的咒語是「這個東西在一百天內會被取出來嗎？」

以前不管是漂亮的衣服、有趣的耳環、新款文具，我什麼都想要，因為覺得當下不買以後可能再也碰不到，但經過簡單生活洗禮之後，物欲在某種程度已經減少許多。

碰到那些讓我突然心動很想買下來的東西，瞬間進入腦海的想法是：「這個在一百天取出的物品裡面要排第幾順位？」如此一想幾乎什麼都買不成，雖然有時候放輕鬆出手購買也無所謂，只不過把「真的可以愛它很久嗎？」「自己是否有能力管理它？」這種觀念深植在腦袋瓜裡還滿好用的。不知道可以做到這一點的人多不多？搞不好只有我一個人在做這種蠢事也說不定。

「只要一百件物品就讓自己滿足」與「擁有物品卻有百分之九十在一百天內完全沒用到」，這兩件事明顯暴露出自己的管理能力不足，但至少在購物時已經比以前冷靜許多。

● 簡單生活把人生變容易

雖然放了這個標題，但好像有點語病，因為讓人生變容易根本沒有什麼捷徑，而且千萬不能低估它的難度。極簡主義是一種美學，不適合那些想要省心過日子的人。即便如此，簡單生活讓人生變容易的說法也不盡然是空話。

東西減少，選擇就受限，不用去煩惱擺設或是打包整理的事。

少了物品在一旁礙事，打掃及收拾都變得超級輕鬆，也不會出現「咦，那個東西我到底放哪裡？」之類的事，這讓我有比較多時間放在工作或是興趣培養，只能說好事連連。

用這種角度去思考，我覺得讓自己陷入困境的原因還真不少。把用不著的東西看得很重，愛著那些已經不穿的衣服和搞不清楚為什麼會買的紀念品。撇開這個不談，簡單生活有許多線索讓你了解自己解決問題的能力，並整理出一個快意樂活的環境。

簡單生活讓人生重新展開

我並不是熱衷於展開新生活才去挑戰簡單生活，但結果就是變成這樣。當我一件一件取出物品時，才真實感受到自己正在進行新生活。

冰箱的功效實在令人驚嘆、當我拿到剪刀時是如此開心、發現自己竟然如此喜愛靜謐的夜晚……沉在心底最深處的感性被撼動了，每天都有重生的感覺。就像一直以來試圖累積的價值觀全部崩解，然後從腳底直達身體中心點再次重新堆疊。或許是以前不知不覺當中造成的錯位，已經在我們未察覺的地方形成障礙。

一個物品歸零的全新自我，對生活有何種要求？要怎麼去面對？其實它跟自己的價值觀和生活樣態有相當程度的吻合，換句話說，我覺得使用簡單生活之外的其他方式來重新詮釋這兩者，也不難讓自己的人生重新再來過。

送禮物比起收到禮物更加歡喜

挑戰的最後一天是耶誕節。雖然每天選擇物品的生活讓我厭倦，但為家人選擇耶誕禮物這件事卻格外有趣。有螳螂圖案的睡衣或藍色頭盔，還把禮物藏起來免得被發現，耶誕節前幾天就三不五時去檢查確認一切都有放妥，並自以為得意地嘿嘿竊笑。

選禮物之所以魅力仍在，其實是我厭倦了一直在計較自己想要和真正需要的選擇物品方式，而非單純選擇東西所帶來的壓力。我本來就喜歡送禮物給別人，即使不願花時間為自己購物，也可以常常為了選禮物給別人而左思右想。只不過自己說要減物過簡單生活，卻又把東西硬塞到別人身上，這到底是怎麼回事啊？雖說對方想要怎麼處理都請便，但以收禮者的立場應該很難扔掉從某人那裡收到的禮物吧。即使是一個果醬瓶，處理起來也是有點費事。除非對收禮物者的品味很有把握，要不然就會購買食物或是洗手乳這類的消費性物品。

我不想在「為別人選擇禮物很有趣」的心情當中混入「幸好我不用收這個

禮物」這種不負責任的感覺，因為有時候在選禮物時就是因為這種不負責任，才會出現一些令人意外的「驚」喜。

若是有什麼最期待的事，那就是希望能夠成為自己想要的樣子

在一百天之內，我每天都要面對「想要」的心情。剛開始的「想要」很迫切，譬如說身體疼痛、寒冷、指甲變長了等等，似乎更像是傾聽身體的聲音而不是用大腦來做判斷。我先用「選這個會比較好用」的角度去選擇物品，但到了後半場，比起身體我更在意精神層面的撫慰。

最明顯的例子是我打算取出花瓶，它既不能用來吃飯也不能讓身體休息，但即使如此我還是想要一個花瓶，因為當時覺得有花瓶會讓我的生活更美好。每天老想著沒有這個或那個東西會不方便，讓生活被各種便利物品包圍的結果，或許就是讓我覺得生活乏味的原因。

「接納物品」也是設計我們生活的一環，渴望它的心情與如何過生活有直接關聯。在想要怎麼做與實際情況有落差的時候，我的心情和身體會一直試著去調適以維持自己理想的生活模樣。

舒適度因人而異

擁有土偶卻沒有包包、沒有電鍋卻有無水調理鍋，從他人角度看來可能會覺得「咦，為什麼？」但就像人類也有正常和不正常一樣，每個人對於舒適度的感覺應該也不同吧。

就像是為正要開始過獨立生活的年輕人所準備的全套用品，即使有種標榜「生活所需的一百件物品」的套組，應該也不全然適用所有的人。如果你太過相信「只要有這個就可以搞定一切」的話，很有可能會失去生活重心。

我擁有太多實在用不著的東西。雖然物品具有群聚累積的特性，但我覺得還有更多的是那些「被認為是必要的東西」。所以我想擺脫「存在是理所當然，擁有它是應該的」這種執念，更加享受為自己量身訂製的生活。

日常使用自己珍愛的東西讓人感覺很幸福

簡單生活只能選擇一件單品的做法，同時也決定了每一類物品的第一名。譬如說盤子，當我正要取出以前最常用的盤子時，突然間會出現「這是我最喜歡的盤子嗎？不不，不是喔」這種心情。其實以前用最多的都是我覺得打破也無所謂的盤子。

在物品數量有限的情況下，對於那些被選上的物品我期待它們有更精彩的表現。所以鼓起勇氣選了很多以前因為怕損壞或弄髒，而一直放著沒有用的最愛。

結果真是美好，每天心情愉快又興奮。我覺得天天使用鍾愛的物品，就像送出加油打氣訊息給愛惜努力過生活的自己。

家電的重要性隨著季節變化

每次碰到我選家電的那一天，總是會出現某種突破性的變化。冰箱是時光機，洗衣機是時光布，我之所以拿卡通《多啦A夢》的道具來做比較，可能是因為這些家電對我來說就像是得到二十二世紀的未來技術那樣地讓人心存感激。它們讓我有能力控制時間。倘若問我哪一個是第一名，我的回答是取決於季節。

夏天的話是冰箱，因為食材太容易腐壞。平常不用放冰箱的水果和蔬菜，在盛夏的時候不放會讓人有點擔心。如果不能用冰箱儲存食物，每次要用時才出門採購的話，那生活一定會很忙碌。

冬天的話洗衣機最好。衣服只有幾件雖然可以用手洗，但冬天手洗衣服未免也太操了吧。有些家電譬如說電風扇，很明顯就是夏天才會用得到，而烤箱，這次實驗讓我第一次感覺它算是冬天的家電。

季節對生活影響如此之大，道具的重要性隨著夏天和冬天的切換而改變。

身體因為得到工具而被賦予新的功能

每天得到一件物品等於是每天增加一種能力。在沒有剪刀之前，我沒辦法精準剪斷東西，但是有了剪刀，我就變成能夠剪斷東西的人。工具不單只是一般物品，它可以延展身體。握有一根勺子就能伸展你的右手讓你去舀熱的東西；有了洗衣機，幾乎只用一根手指就可以清洗烘乾五個人的夏裝。根本就是超人行為。請停止將道具視為是一種東西，它是一種能夠讓能力變強大的魔法。

只不過能力和技術是不同層次的東西

剪東西的能力和剪東西的技術是不同的。與剪刀再次相會的感覺是如此新鮮，幾乎讓我有種「啊，我被賦予了剪斷所有一切的力量……」的感覺。

只是我真正得到的，與其說是剪東西的能力，倒不如說是剪斷東西的權利。「能夠使用」跟「可以掌握」完全是兩碼事，當我在輿頭上幫自己剪的頭髮，就變成一場大災難。我小時候曾因為好奇而一股腦兒剪掉莉卡娃娃的頭髮，我現在的感覺就跟當初一樣後悔，如果沒這麼做該有多好！

物品雖然為身體增加新的能力，但能否馴服它卻因人而異。

資訊是活用物品之道

期待某種物品的到來之後，隨之而來的是對資訊的渴求。特別是當我決定要用有限的炊具和調味料來做菜時，我覺得自己需要一本食譜書。取得資訊的方式因人而異，即使我這個人是重度網路使用者，但真正想要深入了解什麼事的時候最想要的卻是書本。

環繞在我們周圍的物品大都是經過高度進化的產品，有許多東西在到手之後也沒辦法充分利用。為了讓這些好不容易得到的物品發揮應有的功能，熟練地掌握資訊就像是靈活運用我們的四肢一樣重要。而且求知欲和好奇心也是不可忽視的欲望，資訊讓我的生活更加美好。

我以前不了解那些常見的物品到底有多麼好用

我們的生活不是從完全零物品開始的。從小在家人或周遭的大人所準備的物品當中生活，所以有許多基本用品我們從來沒有碰過從零到「相遇」的階段。

冰箱、洗衣機、牙刷、寢具、花盆、鍋子……這些東西幾乎都是理所當然的存在，沒辦法體會失去它們的不便或是品味那種開箱使用的驚豔感。它們各自擁有讓人驚喜的功能，只用一句謝謝來總結實在是太委屈它們。一旦習慣就看不到它們的存在，我之所以覺得感覺幸福而充實，在某種程度上是由圍繞在我周遭的物品所堆砌出來的，只是以前沒有注意到而已。

「喜悅」沉睡在每一件物品裡，只是你忘了而已

喜新厭舊的我，以前對於買到的東西不感興趣時，就覺得是它的賞味期限到了。新買的衣服、小玩意兒、室內裝飾用品等，剛對上眼時覺得很喜歡，但大約過了一個月就融入日常生活而失去新鮮感。

但是放手一次之後再重新使用，本來覺得沒什麼大不了的東西竟然讓人生

出現很大的驚喜，甚至在超過一百天之後那種欣喜還持續存在著。有冰箱讓人開心、我愛指甲剪、全效清潔露真是好到沒話說，很吃驚地發現這次自己竟然沒有很快就覺得膩了或是對它們失去新鮮感。

實際上，這種覺得膩的感覺並不是消失，可能只是被隱藏或者注意力被轉移了。當房間內眾多物品加上腦袋裡紛雜的資訊，為了篩選並得到結果而讓時間在忙碌中流逝，或許是這些多重因素，讓我們從物品中得到喜悅的感性蒙上了一層陰影。

有時候忘記並不是件壞事。有些物品雖然不是很顯眼，但它們一直都存在生活當中，光是想像重新把它找出來的喜悅、消弭之前的距離感，那也就夠了。

當你能夠對物品負起責任時，自然而然就會顧慮到環保

我想要善待地球。儘管有這種念頭但一直很難持續將它融入生活當中，尤其是這幾年家裡人口增加，我在日常生活中嘗試去處理那些弄髒或逐漸損壞的物品時，有時候覺得自己沒有顧慮到環保也是逼不得已的事。一直在使用塑膠袋和塑膠製品，或是不想帶太多行李而在旅行途中買新的東西來用，一直以來

我都是把工具當做消耗品，用完再買新的。

嘗試解除與物品的關係，讓我感覺到整個生活都重新建構了。當我一個個把物品拼湊回來時，很自然就注意到「浪費」這件事而開始珍惜每一樣東西。如此一來，更覺得可以再進一步減少物品的使用與消耗，譬如說不用保鮮膜、把廚房紙巾換成可洗式的，或是平底煎鍋若是想長久使用，最好不要買鐵氟龍塗層的產品。

本來，環境保護的本質就不是要限制或是減少物品，或許可以說是與物品和諧相處、讓生活更加舒適，然後沿用這種概念讓它長久持續下去。

物品會彼此召喚

經過一百天還沒有用到保鮮膜，是因為我沒有用微波爐的關係。因為衣服很少我也不需要衣架，而且鞋子一雙就夠了。物品之間似乎會彼此召喚。

曾經有過為了妥善收納大量物品，而先買進許多收納工具的經驗，譬如說一堆套子、箱子和專用的架子之類的東西。或許真有那種物品只會越收越多的定律！若是你覺得一百件物品就足夠，那是因為這一百件沒有去召喚其他物品，如果試著用一千件物品去過日子（雖然一千件其實也不算多），搞不好還會召來其他五百件。

物品之間具有吸引力。我應該偶爾靜下來想想到底這個東西真的是我想要？還是物品自己把它召來的。

你的生活是由物品構築而成的嗎？

我覺得「生活是由物品所構成」和「生活不是由物品所構成」這兩個都是正確答案。當我拋開所有物品在空蕩房間裡消磨時間，心裡覺得不只是房間，連自己都覺得很空。生活與身邊的物品融合起來把我包圍，與它們分開時會覺得自己身體的一部分也被抽離了。物品有它存在的價值，人類製作、使用並與它們共同生活，這也是身為人類最可貴的特質。

另一方面，隨著我習慣什麼都沒有的生活，感覺自己應該可以這樣繼續下去，還慢慢湧出一股「輕鬆無負擔真的很讚」的想法。「我不再被物品所包圍，但即使什麼都沒有，也不能改變我這個人存在價值」這樣積極又正面的想法，當你有了這種念頭就會對自己是否能夠好好活下去充滿信心。透過簡單生活讓我碰觸到兩個相互矛盾的本質。

可管理的數量是有極限的

我喜歡購物也喜歡收集東西，譬如說一些新奇有趣的小配件，也有那種常被問到「你是什麼時候要穿？要怎麼洗？」之類的衣服。當然我也喜歡一些用起來順手的工具，不知為什麼廚房就有兩台一模一樣的攪拌機，還有打四折買到的製麵機就只用過一次，想把它們丟掉又覺得有點可惜，也不知道怎麼丟（查一下就知道卻也沒去查），所以就一直放在櫃子裡。這類的東西有一大堆。

不願把它們當做無用之物任意扔掉，我覺得即使是沒有用過也有回憶存在。但從現實面來看，我的管理能力比自己想像中的還要糟糕許多。如果擁有太多超出管理能力範圍的物品，你甚至記不得它們的存在。

本次實驗證明，如果把物品數目縮小就會好好地珍惜，喜歡的感覺也會比較持續。我今後可能還是會買那些用不到的東西，但我會把自己的物品管理能力植入意識深處。或許這種事急不得，但可以先稍微地或是一點一點地慢慢去試，譬如說勇敢住進收納空間很少的房子。我的意志比較薄弱，所以用環境來引導自己會比較合拍。

你不必是極簡主義者

簡單生活意外地精彩，只是到目前為止還沒有出現「嗯，我接下來要開始過極簡生活」的念頭。極簡主義是很酷沒錯，我完全沒有要否定它的意思，但我想繼續把它當做一種憧憬，將它的核心概念融入我的日常生活。當它合乎你的個性、時機、環境等等各種條件都具備時，或許自然而然就變成極簡主義者。如果說硬是要表現出某種姿態或是批評別人東西太多真的不太好之類的，我覺得其實是沒有必要的。

這一百天的生活多彩多姿，我覺得把這種感受一個個牢牢抓住比決定去減少物品更為重要，覺得不要也無所謂的物品就一個一個慢慢再減就可以了。

「極簡主義」和「認真過生活」會因為不夠主流而被別人歸類成「不合時宜的人」。我實在很討厭這樣被揶揄，明明就不干你的事。我覺得真正的核心價值不是你正在做什麼，而是你是否掌握自我生活的處事準則，不是嗎？

為了挖掘那些因長年的習慣而被埋沒的感性，我嘗試去做一些不同於以往生活型態的事，結果演變成一個很好的契機。雖然我一直強調不當極簡主義者也沒關係，卻又提倡完全相反的事情，是因為我覺得即使是不想當，也還是可以去嘗試體驗看看。

結語

透過一個個增加物品數量的生活，我所經歷到的與其說是一種新的生活方式，不如說是我自己本身的態度和接下來要怎麼度過這一生的這種核心價值。生活、自我與時間是無法分割的，它們幾乎可說是一樣的東西，熱愛生活就是珍愛自己，愛惜時間就等於珍惜生命。

這是一個比我當初所預期更大規模的挑戰，感謝你參與我的生活冒險。最後，我想藉此機會感謝所有參與本書製作的人：兼具簡約與時尚的精美裝幀封面設計的Marusankaku design公司、一直配合我做修訂的DTP荒木小姐，以及在很短時間內進行詳細校對檢查的豐福小姐，和把這個企劃案當做物品一樣催生出來的信濃圖書印刷有限公司。

佐原先生不僅接受我對電影的評論，而且還同意「我想自己下海嘗試」的無理要求，木南先生打從挑戰開始就一直支持我。

找到我的網路發文並提議製作成書的杉浦先生，謝謝他幫我下了一個很有趣的極簡標題書名。

雖然我跟編輯杉浦先生有過多次書信、電話往來，但這本書竟然是在沒有見過他本人的情況下完成。這真的很像是二〇二一年給人的感覺，從進行挑戰、網路發文到書籍出版，全部都是在家裡完成的，也可以說是從頭到尾是從日常生活中孕育而生的書籍。

如果這本書可以「增加」讀者的時間和日常生活的對話機會，那我會覺得很榮幸。希望你能夠繼續享受美好的旅行。

國家圖書館出版品預行編目 (CIP) 資料

加法斷捨離：每天添加一樣東西，在 100 天之後所學到的 100 件事 / 藤岡南著；盧姿敏譯. -- 初版. -- 臺北市：遠流出版事業股份有限公司, 2022.09
面； 公分
譯自：ふやすミニマリスト：1 日 1 つだけモノを増やす生活を 100 日間してわかった 100 のこと
ISBN 978-957-32-9689-8（平裝）
1.CST：簡化生活 2.CST：生活指導

192.5 111011763

加法斷捨離

每天添加一樣東西，
在100天之後所學到的100件事

作　　者｜藤岡南
譯　　者｜盧姿敏
總 編 輯｜盧春旭
執行編輯｜黃婉華
行銷企劃｜鍾湘晴
美術設計｜王瓊瑤

發 行 人｜王榮文
出版發行｜遠流出版事業股份有限公司
地　　址｜台北市中山北路 1 段 11 號 13 樓
客服電話｜02-2571-0297
傳　　真｜02-2571-0197
郵　　撥｜0189456-1
著作權顧問｜蕭雄淋律師
ISBN｜978-957-32-9689-8

2022 年 9 月 1 日初版一刷
定　　價｜新台幣 370 元
（如有缺頁或破損，請寄回更換）

遠流博識網
http://www.ylib.com
Email: ylib@ylib.com